中国“成功老龄化”的现状研究

——基于个体和地区层面的分析

熊波 著

WUHAN UNIVERSITY PRESS
武汉大学出版社

图书在版编目(CIP)数据

中国"成功老龄化"的现状研究：基于个体和地区层面的分析/熊波著.—武汉：武汉大学出版社，2021.11(2022.9 重印)
ISBN 978-7-307-22462-9

Ⅰ.中…　Ⅱ.熊…　Ⅲ.人口老龄化—研究—中国　Ⅳ.C924.24

中国版本图书馆 CIP 数据核字(2021)第 138557 号

责任编辑：张　欣　　责任校对：汪欣怡　　版式设计：马　佳

出版发行：**武汉大学出版社**　(430072　武昌　珞珈山)
(电子邮箱：cbs22@whu.edu.cn　网址：www.wdp.com.cn)
印刷：武汉邮科印务有限公司
开本：720×1000　1/16　印张：14.25　字数：231 千字　插页：1
版次：2021 年 11 月第 1 版　2022 年 9 月第 2 次印刷
ISBN 978-7-307-22462-9　定价：68.00 元

本研究受中南财经政法大学中央高校基本科研业务费专项资金资助

目　　录

第一章 绪　论

第一节 研究背景与意义

一、研究背景

一般认为一个国家或地区，总人口中 60 岁及以上人口达到 10%或 65 岁及以上人口达到 7%，即进入人口老龄化社会，根据这一标准，中国于 2000 年 65 岁及以上人口达到 6.96%，① 正式迈入老龄化社会，自此之后人口老龄化进程不断加快。2010 年，中国 60 岁及以上的老年人口数达到 1.78 亿，占总人口比例 13.3%，65 岁及以上老年人口达到 1.18 亿人，占总人口的 8.9%。2019 年末中国 60 岁及以上的老年人口数达到 2.54 亿，占总人口比例 18.1%，65 岁及以上老年人口达到 1.76 亿人，占总人口的 12.6%。②

中国人口老龄化速度非常快，超前于中国经济的发展，因而在老年人口比例和规模迅速增加的同时，对中国的经济及其他方面的发展带来了严峻的挑战。面对这一形势，2019 年 11 月下旬，中共中央、国务院正式印发《国家积极应对人口老龄化中长期规划》（以下简称《规划》），将应对老龄化上升为国家战略。《规划》指出，“人口老龄化是社会发展的重要趋势，是人类文明进步的体现，也是今后较长一段时期我国的基本国情。《规划》从 5 个方面部署了应对人口老龄化的具体工作任务。一是夯实应对人口老龄化的社会财富储备。二是

---

① 中国网：http：//www.cctv.com/special/1017/-1/86774.html。

② 中国发展报告 2020：中国人口老龄化的发展趋势和政策 http：//www.199it.com/archives/1068230.html。

改善人口老龄化背景下的劳动力有效供给。三是打造高质量的为老服务和产品供给体系。四是强化应对人口老龄化的科技创新能力。五是构建养老、孝老、敬老的社会环境"。①

中国在整体老龄化进程日益加剧的同时，各省市之间由于生育率、人口预期寿命和人口迁移等方面的差异，老年人口的比例也存在很大差异，主要表现为：工业化与城市化最早的地区老龄化相对严重；人口净流出地区老龄化快于人口净流入地区。② 根据国家统计局的数据，辽宁是中国老年人口比例最高的省份，2019 年 65 岁及以上人口占 16.2%，重庆和安徽作为人口特别是年轻劳动力迁出大省，65 岁及以上老年人口的比例也非常高，2019 年分别为 14.96%和 13.93%。与此对应的是，广东和福建作为我国人口流入特别是年轻劳动力流入大省，2019 年老年人口的比例分别只有 9%和 9.3%，远低于全国的平均水平。

二、研究意义

目前中国人口老龄化趋势日益严重，它是社会经济发展的结果，更是社会进步的体现，是任何一个国家都无法回避的问题，面对日益增多的老年人口，个体如何实现成功老龄化？在中国这样一个有尊老传统文化的国家，成功老龄化的标准是什么？对于老年人而言到底什么意味着成功？另一方面，中国不同省市地区之间人口老龄化差异明显，在地区层面成功老龄化又存在一些怎样的不同呢？哪些因素会在个人层面产生影响？哪些因素又是导致地区层面成功老龄化产生差异的原因呢？本研究试图对上述问题进行系统性的回答，拟从个人层面和地区层面分别来分析成功老龄化的差异，以及对不同层面差异形成的主要影响因素进行探讨，这将有助于对成功老龄化进行更全面的理解，有助于对中国老年人成功老龄化进行多层次的把握，为中国在日益加速的老龄化过程中，对不同个体和不同地区的老年人实现更好的发展和享有更好的晚年生活提供政策依据。

---

① 中央人民政府网：http：//www.gov.cn/zhengce/2019-11/21/content_5454347.htm。

② 2020—2050 年中国老龄化趋势及人口老龄化的讨论和政策应对分析，https：//www.chyxx.com/industry/202006/871403.html。

第二节　研究目的和研究内容

一、研究目的

本书旨在探讨在中国人口老龄化日益深化的今天，老龄化的现状如何？即如何评价中国目前人口老龄化的质量和存在的问题？任何一个社会现象都是复杂和多维度的，人口老龄化更是如此。人口老龄化带来的直接结果便是老年人口绝对比例和相对规模的上升，这一变化会对中国的人口要素、社会要素、经济要素等方面产生一系列的影响。本书重点关注在这一变化的过程中，人口老龄化本身我们应该如何去认识，即尝试从身体健康、心理认知和社会参与三个维度，来探讨和分析中国人口老龄化的成功与否，本研究对这一问题的探讨同时从个体层面和地区(省市)层面两个视角展开，描述和分析个人层面和地区层面成功老龄化的现状，在此基础上对中国老龄化的现状和质量进行更深入的理解和评价。

二、研究内容

人口老龄化的内容是多维度的，不论是个人还是地区层面都是如此，因而在分析和描述成功老龄化的现状时，需要从不同的方面予以考察。本书结合已有的文献，并根据问卷数据的测量指标，对成功老龄化在个人层面和地区层面都从以下三个方面进行分析：身体健康、心理认知和社会参与。本书的具体研究内容和思路如下：

1. 个人层面的分析

通过选取针对老年人个人的测量指标，分别从身体健康、心理认知和社会参与三个维度考察成功老龄化的现状。

(1)个人层面的身体健康

个人层面的身体健康主要从老年人的日常活动能力(ADL)和工具性日常活动能力(IADL)两个方面进行考察。首先，分析 ADL 和 IADL 各项指标的样本概况，在此基础上对二者统一方向并根据程度进行重新赋值；其次，将老年人人口学特征因素，与 ADL 和 IADL 得分及其二者得分之和进行交互分类表分析；最后，运用多元线性回归的方法，对 ADL 和 IADL 得分及其二者得分之和的影响因素进行探讨。

(2)个人层面的心理认知

个人层面的心理认知主要从老年人的认知能力和主观感受两个方面进行考察。首先，分析认知能力和主观感受各项指标的样本概况，在此基础上对二者统一方向并根据程度进行重新赋值；其次，将老年人人口学特征因素，与认知能力和主观感受得分及其二者得分之和进行交互分类表分析；最后，运用多元线性回归的方法，对认知能力和主观感受得分及其二者得分之和的影响因素进行探讨。

(3)个人层面的社会参与

个人层面的社会参与主要从老年人的社区参与和媒体使用两个方面进行考察。首先，分析社区参与和媒体使用各项指标的样本概况，在此基础上对二者统一方向并根据程度进行重新赋值；其次，将老年人人口学特征因素，与社区参与和媒体使用得分及其二者得分之和进行交互分类表分析；最后，运用多元线性回归的方法，对社区参与和媒体使用得分及其二者得分之和的影响因素进行探讨。

2. 地区层面的分析

选取的问卷调查数据对中国的 28 个省份按比例抽取了一定数量的老年人，因而在个人分析的基础上，第二部分着重分析每一个省份老年人成功老龄化在身体健康、心理认知和社会参与三个维度上现状。

(1)地区层面的身体健康

地区层面的身体健康同样从日常活动能力(ADL)和工具性日常活动能力(IADL)两个方面进行考察。首先，分别计算每个省份老年人 ADL、IADL 得分和二者得分之和的平均值，并进行排序，在此基础上描述各省份在三个得分上的平均值的高低差异；其次，通过聚类分析的方法，将 28 个省份的 ADL、IADL 得分和二者得分之和的平均值分别进行聚类分析；最后，通过查阅中国统计年鉴有关数据，分析在地区层面，ADL、IADL 得分和二者得分之和的平均值的影响因素。

(2)地区层面的心理认知

地区层面的心理认知同样从认知能力和主观感受两个方面进行考察。首先，分别计算每个省份老年人认知能力、主观感受得分和二者得分之和的平均值，并进行排序，在此基础上描述各省份在三个得分上的平均值的高低差异；其次，通过聚类分析的方法，将28个省份的认知能力、主观感受得分和二者得分之和的平均值分别进行聚类分析；最后，通过查阅中国统计年鉴有关数据，分析在地区层面，认知能力、主观感受得分和二者得分之和的平均值的影响因素。

(3)地区层面的社会参与

地区层面的社会参与同样从社区参与和媒体使用两个方面进行考察。首先，分别计算每个省份老年人社区参与、媒体使用得分和二者得分之和的平均值，并进行排序，在此基础上描述各省份在三个得分上的平均值的高低差异；其次，通过聚类分析的方法，将28个省份的社区参与、媒体使用得分和二者得分之和的平均值分别进行聚类分析；最后，通过查阅中国统计年鉴有关数据，分析在地区层面，社区参与、媒体使用得分和二者得分之和的平均值的影响因素。

第三节　文献回顾

当前在整个世界范围内，人口老龄化是人口变动的一个重要趋势，发达国家相较发展中国家更早进入老龄化社会，并且目前的程度还在日益加深，这一人口变动是经济发展和社会进步的体现和必然结果，反过来又对所在国家产生一系列深远的影响。对人口老龄化探讨的文献也非常多，诸多的文献提出了一系列的专业术语来描述老龄化的质量和状况，包括成功老龄化、积极老龄化、健康老龄化、正面老龄化、生产老龄化、有能力的老龄化等(Barrett & McGoldrick，2013)。本质上来说，每一个术语都试图描述老年群体在老龄化过程中应实现的目标，其中使用最为普遍的就是美国的“成功老龄化”这一概念。美国学者Rowe和Kahn提出的“成功老龄化”的概念，对整个学术界研究老龄化问题产生了深远的影响。“成功老龄化”概念的提出，极大地扭转了老年学领域长期以来的研究倾向，即认为老龄化和疾病是密切联系的，老龄化必然意味着丧失和下降。“成功老龄化”概念提出了一种新的研究范式和框架，引导各个层面共同来探讨如何从生物的、行为的和社会的等各因素入手，促进老龄化更好地实现(Villar，2012)。在诸多有关成功老龄化的文献中，本节准备从以下几个方面对文献进行简要梳理与回顾：成功老龄化概念的提出、成功老龄化的分析框架和成功老龄化的影响因素。

一、成功老龄化概念的提出

1. 成功老龄化的理论根源

最早在老年学领域里提到成功老龄化这一概念的是 Havighurst(1961)，作者认为为了实现老年学提供合理建议的科学性，必须有成功老龄化的理论，该理论应该描述最大化满意度和幸福感所需要的条件。在 Havighurst 看来，成功老龄化研究应该是老年学学科的中心议题。与实证主义不同，后现代主义认为真理都是因背景和条件而异的，即世界上没有绝对的真理，因而对老龄化的评价本质上是个人自己的意义理解。后现代主义认为，对老龄化意义的理解是社会建构出来的，并且受到生成这一理解的态度的不同力量的影响。老龄化不可能在完全统一的范式下来理解，应该是由多元主义的各种共识来构成(Topaz et al.，2014)。在这一社会信念和科学范式的影响下，后现代主义更多的将老龄化看成是问题取向的，重点强调个人自身是如何界定成功老龄化的。

2. 成功老龄化的概念演变

最早对成功老龄化进行大规模、系统和多学科研究的是 MacArthur Foudation (MF)。MF 对老龄化的关注始于 1984 年，在 Jack Rowe 和 Robert Kahn 的领导下，联合了不同学科领域的 16 位学者，试图去阐释和厘清促进“积极性”老龄化的相关因素。之后的诸多研究在以下五个关键的领域展开：基础生物医学、临床医学、行为和社会科学、健康服务传递和生物医学伦理。

在这之后，Rowe and Kahn(1987)进一步指出，以往的研究过于关注“正常老龄化”，这一概念界定存在许多的不足。例如，大多数的老年学研究关注的是不同年龄组的平均趋势而忽略了内部的大量异质性——由于年龄增长而产生的差异。于是，Rowe and Kahn 提出要发展出一个概念，以区别于“正常”的范畴，即“成功”老龄化，其中特别强调了维持身体健康和避免疾病的时间。如果说“正常老龄化”(usual aging)是指那些展现出典型的非病理性的与年龄相关的变化(正常的身体、社会和认知功能随着年龄下降，其提升需要依靠外部因素)，那么“成功老龄化”(successful aging)则关注的是那些相对年轻群体的平均状况而言，展现出较少或几乎在功能上没有下降(在身体功能和认知上很少或没有年龄相关的衰减，外部因素起中立或积极作用)。这一分析视角得到了热烈的回应，其后的许多文献都沿着这一范式进行了探讨，逐渐使“成功老龄化”这一术语得以推广和认可。在1997年，Rowe and Kahn进一步界定了“成功老龄化的”概念，提出了到目前为止最为著名也是引用次数最多的三要素分析框架：较低的患病和疾病相关的伤残风险；较高的认知水平和身体功能水平以及积极的生活参与(Rowe and Kahn，1997)，这个三要素模型被认为是较全面的代表了成功老龄化的特征。

二、成功老龄化的分析框架

1. 三要素分析框架

成功老龄化的三要素分析框架，最早是由Rowe and Kahn(1997)提出，作者指出：成功老龄化的界定包含三个主要的维度，即较低的疾病发生率和疾病相关的伤残率；较高的认知和心理功能水平；积极的社会活动参与。每一个维度都包含有很多子维度。较低的患病率不仅涉及是否患有疾病，还包括是否存在患病的风险因素和风险因素的严重程度。较高的功能水平包括心理和认知两个方面，心理和认知能力主要指活动潜能，这一维度能体现出一个人能够做什么而不是正在做什么，主要表现为语言能力、非语言的和语言的记忆能力、概念化的能力和视觉空间辨别能力。活动参与在现实生活中可以表现在很多方面，通常我们更关注两个重要的方面——人际关系和生产性活动。人际关系涉及与他人的接触和联系、交换信息、情感支持和直接的帮助；生产性的活动表现为活动是否产生了社会价值，而不在于是否有直接的报酬，基于这一标准，如果一个人照料家庭中的伤残成员或是在当地的教堂或医院中从事志愿者的工作，都可以看成是有生产性的。大部分老年人在生产性活动上的表现，更多的是非正式性地提供各种类型的帮助和无报酬的志愿者工作而不是有偿的雇佣工作。如果将所有类型的生产性活动综合起来考察，老年人所贡献的生产性工作是非常巨大的。在60岁及以上的群体中，有39%的老年报告在之前的生活中从事了至少1500小时的生产性活动，41%的老年人时间在500~1499小时，18%的在1~499小时。年龄和生产性活动的关系更重要的在于活动本身该如何界定和活动的类型。尽管有偿的工作时间在55岁之后急剧减少，但非正式的给予朋友和亲属的帮助在55~64岁之间会出现新的高峰，且这一趋势会持续到75岁甚至更高。

2. 扩展的分析框架

Rowe and Kahn的三要素分析框架提出之后，很多实证研究来探究老年人在多大程度上才能满足要素一、二、三或全部都能满足。诸多的研究结果发现只有很少的老年人能够维持较高的功能水平以达到“成功”的标准(Willcox et al., 2006; Cho, Martin & Poon, 2012)。基于此，一些学者开始尝试对这一模型进行扩充、改进和完善。Ruff(1989)发展出了一系列成功老龄化的指标以进一步阐述老年人在功能上的发展与进步，作者提出了积极功能的六个维度：自我接受、与他人积极的联系、自主、掌控个人的环境、生活目标和个人成长。Aldwin和Gilmer(2004)也提出了成功老龄化的六维度框架：没有身体残障、较高的主观健康评价、健康生活时间长度、较好的心理健康、客观的社会支持、8个指标的生活满意度自评(婚姻、收入相关的工作、子女、朋友和社会关系、兴趣、社区服务活动、宗教以及娱乐/运动)。有学者通过对已有文献中有关成功老龄化概念和模型的梳理，将成功老龄化模型概括为以下五个维度：生物医学模型，即主要测量诊断出的疾病数量、慢性病治疗状况、日常活动能力、没有相关精神疾病等；扩展的生物医学模型，即生物医学模型加上社会参与情况(过去1个月参与社会活动的数量)；社会功能模型，重点考察过去1个月参与社会活动的数量和社会联系的频率；心理资源模型，主要包括自我效能得分、乐观主义得分、目标感得分、面对困难的克服能力、自尊、感到自信和自我价值等；普通人模型(区别于专家的界定)，在前四个模型的基础上加上人均收入、感知的社会资本(地区设施如公共交通、临近的商店和服务等)、地区问题(犯罪、破坏、交通拥堵和空气质量等)、较好的步行道路和安全感等(Bowling & Iliffe, 2006)。

三、成功老龄化的影响因素

1. 个人特征

(1)受教育程度

很多研究指出，成功老龄化的实现与老年人自身的个人特征有非常重要的关联性，其中最重要的因素是老年人自身的受教育程度。实证研究指出，受教育年数越高，老年人越有可能保持更高的认知功能（Albert et al.，1995）。多项横截面研究都一致发现，老年人的受教育程度是缓和认知功能下降的一个主要预测因素。受教育程度的影响机制主要表现在两个方面：一是直接的促进作用，主要是在生命历程早期对大脑的回路和功能的促进作用；二是长期的潜在作用，为整个生命历程智力活动提供更高的可能性，这有助于在晚年阶段维持认知功能（Marenberg et al.，1994）。

(2)自我效能感

另一个重要的个人特征是老年人的自我效能感。这一概念由 Banbura 首先提出：自我效能指人们坚信自己的能力能够为了达到期望的状态，去组织和执行某项行动的整个过程。自我效能理论假定效能信念影响人们参与的活动类型、人们努力投入的水平、面对困难时坚持的程度、思考方式和经历的情感反应（Bandura et al.，1988）。诸多实证研究对这一议题展开了研究。Gail 等人将自我效能感分为两种类型：人际效能感，即个人感知的在人际关系上的自我评价与信念；工具效能感，即个人感知的在完成工具性活动上的自我评价与信念。较弱的工具性自我效能感与自评的身体功能水平下降密切相关，而人际性自我效能感与身体功能水平无关（Gail et al.，1996）。百岁老年人拥有的自我效能感水平越高，受到资源约束的影响越少，且更有能力去理解负面变化，将其视为一个挑战而不是威胁（Krueger & Dickson，1993）。

2. 社会环境

(1)社区环境

诸多的研究都日益发现，成功老龄化对于老年人而言，会深刻受到老年人晚年适应能力的影响，表现为个人如何应对随着时间推移日积月累发生的生理和身体功能的变化。在这其中最有效和积极的应对方式便是个人寻求社会的支持来维持自身不足，以发展出新的方式用以维持日常的正常生活（Flood & Scharer，2006）。许多实证研究指出，老年人成功老龄化的实现，需要一系列的资源选择，从而帮助老年人能够与家人生活在熟悉的环境中，能够实现自我发展。较好的社区设施能够使老年人更好地融入社区生活（Ball，2000）；社区中能够提供便利的交通、易获得的医疗资源、可利用的长期照料设施或住户上门服务(Hunt & Gunter, 1985)；安全、环境友好的社区可以促进老年人走出家庭参与活动和社会交流，从而进一步提高他们的身体、心理和精神健康(Neufeld, 2004)。

(2)社会联系

许多研究发现：婚姻状况(已婚)、持续的情感支持、积极的社会参与对老年人的身体健康的维持有积极作用(Glass et al., 1995)。男性获得更高的情感性支持更显著的减少慢性疾病的患病率，且情感性支持对男性和女性老人的身体健康整体层面都有积极的促进作用(Seeman et al., 1994; Seeman et al., 1995)。对于老年夫妇而言，婚姻关系都被认为是影响健康状况、身体机能和慢性疾病的重要因素(Bookwala, 2005)。配偶会对对方的社会参与产生影响。配偶通常具有很强的相似性，这意味着双方会形成强烈的相互依赖，特别是在晚年阶段生活的诸多方面会趋向于一致，包括身体状况和社会纽带、认知表现甚至是患有特定慢性疾病的风险(Ko et al., 2007)。这一相似性主要源于婚姻带来的陪伴效应，以及配偶为对方创造和共享的生活条件(Caspi et al., 1992)。因而，对于老年人成功老龄化的考察，仅仅只考虑单个人的行为和过程是远远不够的，老年阶段配偶的作用相比其他生命周期阶段而言显得更为重要(Berkman et al., 2011)。

四、研究述评

通过简要梳理已有有关成功老龄化的文献，可以发现当前对成功老龄化的研究已经非常成熟和完善，无论是对概念的阐释还是分析框架的构建，都已经有了非常深入的探讨，但在以下几个方面还可以进行进一步的分析：一是国外已有的成熟的分析框架，如何运用到对中国的老年群体的分析？由于文化和社会环境的差异，可能会存在较大的差异和不同。二是对中国成功老龄化现状的探讨，个人层面和地区层面的分析可能都十分重要，且有助于对这一问题进行更深入的理解。

第四节 本书的结构安排

本书共分九章，其中第三章到第八章为本研究的核心内容。具体结构如下：

第一章为绪论部分。通过简要介绍和分析中国目前人口老龄化的现状和各省市人口老龄化的差异引出本研究的主题，在此基础上阐明本研究的意义，即为什么要同时在个体层面和地区层面研究中国成功老龄化的现状。之后简要介绍本书的研究目的和研究内容，主要是通过在两个不同的层面对中国成功老龄化的现状进行分析，有助于对中国老年人群体的体征在个体和地区层面进行深入的了解，有助于总体上对中国成功老龄化的质量进行把握。最后，对成功老龄化的有关文献进行了简要的回顾和梳理，在此基础上引出研究的分析视角和创新。

第二章为研究设计部分。首先介绍本研究的数据来源，在此基础上简要分析了所使用的老年样本的概况。其次，详细介绍了本研究所涉及的有关概念的界定，以及在问卷中选取了哪些相应的指标来对概念进行了具体的测量和操作化。最后，根据本书的研究目的和研究思路，构建了本书的研究框架和分析思路，并详细阐释了每一个分析步骤所使用的研究方法和数据分析方法。

第三章为成功老龄化个体层面分析一：身体健康。身体健康主要通过日常活动能力和工具性日常活动能力两个方面进行考察，重点描述了个体层面身体健康各指标的概况，以及不同城乡、年龄、性别、婚姻状况、受教育程度、经济状况和健在子女数量的老年人在身体健康上的差异，最后通过多元线性回归的方法，分析了老年人人口学特征因素对身体健康状况的影响。

第四章为成功老龄化个体层面分析二：心理认知。心理认知主要通过认知能力和主观感受两个方面进行考察，重点描述了个体层面心理认知各指标的概况，以及不同城乡、年龄、性别、婚姻状况、受教育程度、经济状况和健在子女数量的老年人在心理认知上的差异，最后通过多元线性回归的方法，分析了老年人人口学特征因素对心理认知状况的影响。

第五章为成功老龄化个体层面分析三：社会参与。社会参与主要通过社区参与和媒体使用两个方面进行考察，重点描述了个体层面社会参与各指标的概况，以及不同城乡、年龄、性别、婚姻状况、受教育程度、经济状况和健在子女数量的老年人在社会参与上的差异，最后通过多元线性回归的方法，分析了老年人人口学特征因素对社会参与状况的影响。

第六章为成功老龄化地区层面分析一：身体健康。2016 年中国老年社会追踪调查数据，调查了中国的 28 个省市，第二部分地区层面的分析，在个体层面的基础上，计算每个省市身体健康的平均得分。首先，分析了地区层面不同人口学特征的老年人平均得分的差异；其次，分析了地区层面身体健康平均得分的概况和排序，在此基础上对地区层面的身体健康状况进行聚类分析；最后，使用中国统计年鉴 2017 年的数据，运用多元线性回归的方法，对地区层面身体健康状况的影响因素进行分析。

第七章为成功老龄化地区层面分析二：心理认知。在个体层面的基础上，计算每个省市心理认知的平均得分。首先，分析了地区层面不同人口学特征的老年人平均得分的差异；其次，分析了地区层面心理认知平均得分的概况和排序，在此基础上对地区层面的心理认知状况进行聚类分析；最后，使用中国统计年鉴 2017 年的数据，运用多元线性回归的方法，对地区层面心理认知状况的影响因素进行分析。

第八章为成功老龄化地区层面分析三：社会参与。在个体层面的基础上，计算每个省市社会参与的平均得分。首先，分析了地区层面不同人口学特征的老年人平均得分的差异；其次，分析了地区层面社会参与平均得分的概况和排序，在此基础上对地区层面的社会参与状况进行聚类分析；最后，使用中国统计年鉴 2017 年的数据，运用多元线性回归的方法，对地区层面社会参与状况的影响因素进行分析。

第九章为结论与讨论部分。首先对个体层面中国成功老龄化的现状进行了讨论与总结，重点分析了身体健康、心理认知和社会参与三个方面影响因素的差异；其次对地区层面中国成功老龄化的现状进行了讨论与总结，重点分析了不同省市在身体健康、心理认知和社会参与三个方面聚类结果的差异，以及影响因素的差异。

第二章 研究设计

第一节 数据来源和样本概况

一、数据来源

1. 个人层面分析的数据来源

本书主要对中国老年人的成功老龄化从个人层面和地区层面进行分析，根据本书的研究对象和研究目的，选取 2016 年中国老年社会追踪调查(China Longitudinal Aging Social Survey，简称 CLASS)作为个人层面分析的主要数据来源。CLASS 由中国人民大学中国调查与数据中心组织实施，“是一个全国性、连续性的大型社会调查项目。通过定期、系统地收集中国老年人群社会、经济背景数据，掌握老年人在衰老过程中面临的各种问题和挑战，评估各项社会政策措施在提高老年人生活质量方面所取得的实际效果，为中国老龄问题的解决提供重要的理论和事实依据”。①

2. 地区层面分析的数据来源

本书除了对成功老龄化在个人层面进行分析，同时也在地区层面进行比较分析。地区层面的成功老龄化状况，一方面同样是基于 CLASS 调查数据，根据调查中所涉及的 28 个省市构建地区层面的成功老龄化得分；另一方面由于调查数

---

① 中国老年社会追踪调查项目概况：http：//class. ruc. edu. cn/index. php？ r = info/introduce&cid = 6。

据反映的是2016年的时点状况，本研究在进行地区层面成功老龄化影响因素分析时，使用了国家统计局官网中《2017年中国统计年鉴》有关数据，这构成了本研究的另一数据来源。

二、样本概况

1. 个人层面的样本概况

2016年CLASS调查共调查了11471名老人，具体样本概况如下(详见表1)：在城乡类别上，“城”“镇”“农村”老年人的比例分别是53.7%、4.9%和41.3%；从性别来看，男性老年人占50.8%，女性老年人占49.2%；从年龄上看，60~69

表1　**个体层面的样本概况（N=11471）(单位：%)**

变量	指标	百分比	变量	指标	百分比
城乡分类	城	53.7	婚姻状况	已婚有配偶	71.0
	镇	4.9		丧偶	27.5
	农村	41.3		离婚	0.7
性别	男	50.8		未婚	0.7
	女	49.2	受教育程度	小学及以下	58.3
年龄	60~69岁	53.9		初中	28.1
	70~79岁	32.8		高中及以上	13.6
	80岁及以上	13.4	年收入	0~1999元	17.4
健在子女数量	0个	0.4		2000~9999元	20.1
	1个	20.3		10000~29999元	20.9
	2个	32.3		30000~59999元	19.9
	3个及以上	47.0		60000元及以上	21.8

注：为了便于分析方便，对问卷中的两个指标的答案设置进行了调整：一是城乡类别：原始分类为“市/县城的中心城区”“市/县城的边缘城区”“市/县城的城乡接合部”“市/县城区以外的镇”“农村”，本书将前三类合并为一类，最后两类不变，将老年人分为“城市”“镇”“农村”三类。二是受教育程度：原始分类为“不识字”“私塾/扫盲班”“小学”“初中”“高中/中专”“大专及以上”，本书将前三类合并为一类，后两类合并为一类，将老年人的受教育程度划分为“小学及以下”“初中”“高中及以上”三类。

岁的老年人超过一半，比例为 53.9%，70~79 岁和 80 岁及以上的老年人分别占 32.8%和 13.4%；在健在子女数量上，3 个及以上的老年人比例最高，为 47.0%，2 个和 1 个的老年人比例分别是 32.3%和 20.3%，没有健在子女的老年人比例非常低，只有 0.4%；在婚姻状况上，“已婚有配偶”的老年人的比例为 71.0%，“丧偶”的比例为 27.5%，“离婚”和“未婚”的比例很低，分别都只有 0.7%；在受教育程度上，比例最大的为“小学及以下”，占所有老年人的 58.3%，“初中”和“高中及以上”的分别为 28.1%和 13.6%；在年收入上，近似的进行了五等分的划分，由低到高的门槛值依次为 1999 元、9999 元、29999 元、59999 元。

2. 地区层面的样本概况

2016 年 CLASS 调查一共调查了中国 28 个省/市/自治区，在每个省/市/自治区又抽取了若干个城市，具体信息详见表 2：28 个省/市/自治区中调查样本量最大的是河南，样本量为 605 个，其次是四川 601 个、黑龙江 599 个、山东 598 个、湖北 596 个，样本量较少的是宁夏和青海，分别都只有 99 个。

表 2　**地区层面的样本概况**

省/市/自治区	抽样城市及样本量	总样本量
安徽	蚌埠(100)阜阳(100)黄山(107)宣城(101)	408
北京		556
福建	福州(101)三明市(104)漳州市(100)	305
甘肃	兰州(100)庆阳市(100)	200
广东	广州(341)汕头(98)深圳(95)	534
广西	崇古(98)柳州(200)玉林(89)	387
贵州	安顺(85)贵阳(112)遵义(100)	297
河北	沧州(97)邯郸(100)唐山(100)	297
河南	洛阳(100)漯河(97)商丘(109)信阳(149)周口(150)	605
黑龙江	哈尔滨(301)黑河(100)七台河(99)齐齐哈尔(99)	599
湖北	恩施州(97)武汉(101)襄阳(299)孝感(99)	596
湖南	郴州(100)怀化(99)怀化市(80)邵阳(201)	480
吉林	白城(100)吉林(199)松原(100)长春(100)	499

续表

省/市/自治区	抽样城市及样本量	总样本量
江苏	常州(75)连云港(101)南京(125)徐州(100)扬州(101)	502
江西	赣州(203)上饶(100)宜春(100)鹰潭(100)	503
辽宁	朝阳(100)葫芦岛(99)沈阳(101)铁岭(100)	400
内蒙古	呼和浩特(100)	100
宁夏	吴忠(99)	99
青海	西宁(99)	99
山东	济宁(204)临沂(100)日照(94)泰安(100)烟台(100)	598
山西	太原(88)运城(100)长治(100)	288
陕西	汉中(99)铜川(96)延安(196)	391
上海		552
四川	成都(101)乐山(102)泸州(100)眉山(98)南充(98)宜宾(102)	601
天津		399
云南	大理州(99)昆明(100)玉溪(100)昭通(100)	399
浙江	杭州(300)湖州(75)宁波(101)	476
重庆市	城口(90)奉节(111)涪陵(100)	301

第二节 基本概念和变量测量

一、基本概念

1. 成功老龄化的界定

Rowe and Kahn 在 1987 年指出(Rowe & Kahn, 1987)，以往的研究过于关注“正常老龄化”，这一概念界定存在许多的不足，要发展出一个新概念，以区别于“正常”的范畴，即“成功”老龄化，其中特别强调了维持身体健康和避免疾病的时间。如果说“正常老龄化”(usual aging)是指那些展现出典型的非病理性的与年龄相关的变化(正常的身体、社会和认知功能随着年龄下降，其提升需要依靠外部因素)，那么“成功老龄化”(successful aging)则关注的是那些相对年轻群体的平均状况而言，展现出较少或几乎在功能上没有下降(在身体功能和认知上很少或没有年龄相关的衰减，外部因素起中立或积极作用)。在1997年，Rowe and Kahn进一步界定了“成功老龄化的”概念：较低的患病和与疾病相关的伤残风险；较高的认知水平和身体功能水平以及积极的生活参与(Rowe & Kahn，1997)。

本书借用这一经典的概念界定，将成功老龄化界定为：老年人在身体健康、心理认知和社会参与上所表现出来的良好状态。

2. 成功老龄化的三要素

根据上文对成功老龄化的界定，本研究对成功老龄化具体从身体健康、心理认知和社会参与三个方面进行考察。

身体健康主要指：主要指老年人的日常活动能力和工具性日常活动能力。

心理认知主要指：主要指老年人记忆能力、理解能力以及自我的主观感受。

社会参与主要指：主要指老年人参与到家庭以外的各种社会活动的情况。

二、变量测量

1. 因变量及其测量

因变量指研究中需要去解释的因素，本书主要对成功老龄化进行探讨，根据前文的概念界定，主要是从身体健康、心理认知和社会参与三个方面进行考察，具体测量方式如下。

(1)身体健康

对于身体健康的测量，主要从老年人的日常活动能力(ADL)和工具性日常活动能力(IADL)两个方面予以考察。在2016年CLASS调查中，有专门的模块对老年人的活动能力进行测量，其中，有11个指标用于测量ADL(详见表3)，根据11个指标的答案设置，统一方向后对答案进行重新赋值，根据状况由好到差依次赋值2分、1分、0分，即得分越高代表状况越好，值域为0~22分；有9个指标用于测量IADL(详见表4)，根据9个指标的答案设置，统一方向后对答案进行重新赋值，在B6-1至B6-5和B6-8、B6-9这7个指标上，答案1、2、3分别赋值为 2 分、1 分、0 分，在 B6-6 和 B6-7 这两个指标上，答案 1、2 分别赋值为 2 分和 0 分，即得分越高代表状况越好，值域为 0~18 分。身体健康总体的值域为 0~40 分。

表 3 **ADL 的测量(N=11471)**

题目设置	答案
B4-1 能自己打电话吗	1=不需要别人帮助 2=需要一些帮助 3=完全做不了
B4-2 能把自己收拾得干净整齐吗	
B4-3 能自己穿衣服吗	
B4-4 能自己洗澡吗	
B4-5 能自己吃饭吗	
B4-6 能自己吃药吗	
B4-7 有小便失禁的现象吗	1=没有；2=偶尔有 3=经常有
B4-8 有大便失禁的现象吗	
B4-9 能自己上厕所吗	1=不需要别人帮助 2=需要一些帮助 3=完全做不了
B4-10 能自己从床上移到床边的椅子上吗	
B4-11 能在室内走动吗	

表 4 **IADL 的测量(N=11471)**

题目设置	答案
B6-1 能上下楼梯(台阶)吗	1=不需要别人帮助 2=需要一些帮助 3=完全做不了
B6-2 过去 12 个月，有没有摔倒过	
B6-3 能不能在外面行走	
B6-4 能自己乘坐公共交通工具吗	
B6-5 能自己购物吗	
B6-6 能管理自己的钱财吗	1=能 2=不能
B6-7 能提起 10 斤重的东西吗	
B6-8 能自己做饭吗	1=不需要别人帮助 2=需要一些帮助 3=完全做不了
B6-9 能自己做家务吗	

(2)心理认知

对于心理认知的测量，主要从老年人的认知能力和主观感受两个方面予以考察。在2016年CLASS调查中，选取了6个指标对老年人的认知能力进行考察(详见表5)，其中E1-1到E1-5这5个指标根据答案设置，统一方向后对答案进行重新赋值，答对的赋值为1分，答错的赋值为0分；E1-6这一指标根据答对的数量赋值依次为0、1、2、3分，即得分越高代表状况越好，值域为0~8分；选取了9个指标用于考察老年人的主观感受(详见表6)，根据9个指标的答案设置，统一方向后对答案进行重新赋值，其中E2-1、E2-4和E2-9答案1、2、3分别赋值为0分、1分、2分，其余指标答案1、2、3分别赋值为2分、1分、0分，即得分越高代表状况越好，值域为0~18分。心理认知总体的值域为0~26分。

表5　**认知能力的测量(N=11471)**

题目设置	答案
E1-1是否正确回答今天是几月几号	1=对 2=错
E1-2是否正确回答这个小区/村子的名字叫什么	
E1-3是否正确回答国庆节是哪天	
E1-4是否正确回答现在国家主席是谁	
E1-5是否正确回答今年农历是什么年	
E1-6正确复述词语“苹果/桌子/硬币”的数量	________个

表6　**主观感受的测量(N=11471)**

题目设置	答案
E2-1过去一周您觉得自己心情很好吗	1=没有 2=有时 3=经常
E2-2过去一周您觉得孤单吗	
E2-3过去一周您觉得心里很难过吗	
E2-4过去一周您觉得自己的日子过得很不错吗	
E2-5过去一周您觉得不想吃东西吗	
E2-6过去一周您睡眠不好吗.	
E2-7过去一周您觉得自己不中用了吗	
E2-8过去一周您觉得自己没事可做吗	
E2-9过去一周您觉得生活中有很多乐趣吗	

(3)社会参与

对于社会参与的测量，主要从老年人的社区活动参与和媒体使用情况两个方面予以考察。在 2016 年 CLASS 调查中，选取了 7 个指标对老年人的社区活动参与进行考察(详见表 7)，7 个指标根据答案设置，统一方向后对答案进行重新赋值，答案为“有”的赋值为 1 分，答案为“没有”的赋值为 0 分，即得分越高代表状况越好，值域为 0~7 分；选取了 6 个指标用于考察老年人的媒体使用情况(详见表 8)，根据 6 个指标的答案设置，统一方向后对答案进行重新赋值，答案 1、2、3、4、5 分别赋值为 0 分、1 分、2 分、3 分、4 分，即得分越高代表状况越好，值域为 0~24 分。社会参与总体的值域为 0~31 分。

表 7　**社区活动参与的测量(N=11469)**

题目设置	答案
D18-1 在过去三个月内，您是否参加过社区治安巡逻	0=没有 1=有
D18-2 在过去三个月内，您是否参加过照料其他老人(如帮助购物、起居照料等)	
D18-3 在过去三个月内，您是否参加过环境卫生保护	
D18-4 在过去三个月内，您是否参加过调解纠纷	
D18-5 在过去三个月内，您是否参加过陪同聊天	
D18-6 在过去三个月内，您是否参加过需要专业技术的志愿服务(如义诊)	
D18-7 在过去三个月内，您是否参加过帮助照看其他人家的小孩	

表 8　**媒体使用情况的测量(N=11469)**

题目设置	答案
D22-1 过去的三个月，您使用报纸的情况是	1=从不 2=很少 3=有时 4=经常 5=总是
D22-2 过去的三个月，您使用杂志的情况是	
D22-3 过去的三个月，您使用广播的情况是	
D22-4 过去的三个月，您使用电视的情况是	
D22-5 过去的三个月，您使用互联网的情况是	
D22-6 过去的三个月，您使用手机定制消息的情况是	

2. 自变量及其测量

自变量指研究中影响因变量的各类因素，本书主要探讨成功老龄化的影响因素，在个体层面和地区层面由于分析单位的不同，选取了不同的影响因素。

(1)个体层面

个体层面主要探讨老年人的人口学特征对个体成功老龄化的影响。综合已有研究并结合问卷数据，本研究将以下人口学特征纳入分析框架进行考察：①城乡类别；②性别；③年龄；④婚姻状况；⑤受教育程度；⑥经济状况；⑦健在子女数量。具体题目设置如下：

①城乡类别

对于成功老龄化而言，在个体层面本质上体现的是老年人的生活状况，与老年人生活的地区发展状况密切相关。中国作为一个发展中国家，城乡差异在目前仍然十分巨大，既可能体现在经济发展水平上，也可能体现在由此带来的一系列社会、文化和资源上的差异。在 2016 年 CLASS 调查中，对受访者的地区类型进行了如下划分："市/县城的中心城区""市/县城的边缘城区""市/县城的城乡接合部""市/县城区以外的镇""农村"，本研究根据分析的需要，将前三类合并为一类，最后两类不变，将老年人分为"城市""镇""农村"三类。

②性别

对于老年人的生活状况而言，性别差异是一个重要的影响因素。由于女性具有生存优势，到了老年阶段女性的存活时间比男性更久，丧偶老人中女性所占比例比男性也大得多(陆杰华、郭冉，2017)，因而对成功老龄化影响因素的考察，性别是不可忽视的变量。

③年龄

老年群体内部实际上也是异质性非常大的一个群体，其中年龄差异是一个重要的划分依据。随着年龄的上升，老年人的身体机能各方面都会出现弱化，由此会对老年人的生活产生一系列的影响。在 2016 年 CLASS 调查中，对年龄的测量是："您是哪一年出生的？19 ________年________月"。本研究根据需要，作了如下处理：一是通过转换的方式计算每一个调查对象在 2016 年的具体年龄；二是将老年人按年龄分为三组：60~69岁，70~79岁以及80岁及以上。

④婚姻状况

对于老年人而言，婚姻状况对其生活状况有着重要的影响。在中国，老年人退出劳动力市场，在一定程度上意味着与社会和他人连结的纽带逐步弱化、范围逐步缩小(张文娟、刘瑞平，2016)，逐渐退回到以家庭为主的生活，在这一过程中，婚姻状况特别是与配偶的关系，直接影响着老年人的晚年生活。在2016年CLASS调查中，将老年人的婚姻状况划分为四类："已婚有配偶""丧偶""离婚""未婚"。

⑤受教育程度

受教育程度对老年人而言，既反映了其生命历程早期社会化的质量和水平，也在一定程度上影响着其晚年能够获得和使用资源的能力，这二者共同起作用都会对老年人的晚年生活产生影响。在2016年CLASS调查中，将老年人的受教育程度划分为："不识字""私塾/扫盲班""小学""初中""高中/中专""大专及以上"。本书根据研究需要，将前三类合并为一类，后两类合并为一类，将老年人的受教育程度划分为"小学及以下""初中""高中及以上"三类。

⑥经济状况

经济状况对于老年人而言，既体现了成年期在劳动力市场中的工作情况，也体现出晚年后可以支配和购买各种资源的能力，在个体层面对成功老龄化的状况会产生直接和重要的影响。在2016年CLASS调查中，调查了老年人"在过去12个月中个人的总收入是多少?"。本研究根据需要，将老年人的收入进行了类别上的划分，具体方式为：将所有老年人的收入从低到高进行排序，在每一个20%的位置，最接近的那个收入值作为收入区间的上限，最终将收入划分为五类"0~1999元""2000~9999元""10000~29999元""30000~59999元""60000元及以上"。

⑦健在子女数量

在中国这样一个以儒家文化作为传统文化重要组成部分的一个国家，家庭成员特别是成年子女，对老年人的晚年生活有重要的影响。由于本研究是一个横截面的描述性研究和分析，因而重点只关注在调查的时间点，老年人仍健在的子女数量。在 2016 年 CLASS 调查中，题目设置为“现在健在的子女有几个？________个儿子，________个女儿”。根据研究需要，本书不去过多探讨子女数量在性别上的差异对老年人晚年生活的影响，因而将健在儿子和女儿数量进行相加，分为“0 个”“1 个”“2 个”“3 个及以上”四个类别。

(2)地区层面

地区层面主要探讨地区的经济、社会和卫生状况，对地区层面成功老龄化的影响。综合已有研究并结合 2017 年中国统计年鉴数据，将以下地区层面的特征纳入分析框架进行分析：①地区经济发展水平；②地区人口年龄结构；③地区医疗卫生水平；④地区城市建设水平。具体选取的测量指标如下：

①地区经济发展水平

经济发展水平在一定程度上能体现一个地区人们平均生活水平的高低，由于没有专门的针对老年人生活水平的地区指标，本研究选取这一维度作为一个替代的因素。在 2017 年的中国统计年鉴中，选取“分地区居民人均可支配收入”这一指标，来表示该地区的经济发展水平。

②地区人口年龄结构

既然考察地区层面的老年人生活状况，人口年龄结构因素是一个不可忽视的指标，它在一定程度上可以反映一个地区社会资源在不同年龄段和不同代际的分配情况，会对老年人的各种资源的获得产生影响。在 2017 年的中国统计年鉴中，选取“分地区总抚养比(%)”和“分地区老年人口抚养比(%)”作为代表该地区人口年龄结构的指标。

③地区医疗卫生水平

老年群体与青少年人口和劳动力年龄人口相比，其医疗卫生需求更大，身体健康、心理认知和社会参与，都可能与一个地区的人均医疗卫生投入情况和质量密切相关。在 2017 年的中国统计年鉴中，有几个模块都提供了地区医疗卫生情况的数据，根据本研究的目的和分析框架，选取了以下几个指标：“分地区每千人卫生技术人员数量”“分地区每千人口医疗卫生机构床位数量”“分地区社区服务中心覆盖率(%)”“分地区每千老年人口养老床位数”来代表一个地区的医疗卫生水平。

④地区城市建设水平

一个地区的城市建设水平，在一定程度上会对老年人的身体健康和心理认知有积极影响，也与老年人的社会参与有密切的关系(孙博文、李雪松、伍新木，2016)。在2017年的中国统计年鉴中，结合本研究中对老年人的社会参与在两个维度进行考察(社区参与和媒体使用)，对应选取了以下指标来进行分析："分地区每万人拥有公共交通车辆""分地区人均公园绿地面积""移动电话普及率(部/百人)""互联网普及率(%)"。

上述11个因素在28个地区的详细概况如下(详见表9)：在总抚养比上，各省/市差异非常大，最高的是贵州(46.83%)，在40%以上的还有广西(45.03%)、河南(44.64%)、江西(44.55%)、湖南(43.04%)、四川(42.16%)、重庆(41.68%)、河北(41.58%)、安徽(40.85%)和山东(40.04%)，最低的是黑龙江(28.19%)；在老年人抚养比上，最高的是重庆(19.79%)和四川(19.47%)，最低的青海只有9.89%；在居民人均可支配收入上，最高的是上海和北京，都超过了5万元，分别达到54305.3元和52530.4元，最低的是甘肃，只有14670.3元，只有上海的约四分之一；在移动电话普及率上，北京遥遥领先(170部/百人)，最低的江西却只有68.39部/百人；在互联网普及率上，排在前三位的是北京、上海和广东，分别是77.8%、74.1%和74%，最低的云南(39.9%)只有北京的约一半；在每千人卫生技术人员数量上，北京作为中国的首都医疗资源最为丰富，达到了10.77，最低的是安徽(4.74)，连北京的一半都不到；在每千人卫生机构床位数上，最高的是辽宁(6.5)，其次是四川(6.28)、重庆(6.26)和湖南(6.24)，最低的天津只有(4.21)；在社区服务中心覆盖率上，最高的是贵州(100%)，其次是北京(95%)，最低的是河南只有(3.1%)；在每千老年人口养老床位数上，最高的是内蒙古(58.32)，其次是浙江(56.29)，最低的是云南(21.62)；在每万人拥有公共交通车辆数量上，最高的是北京(24.31)，最低的江西(8.86)只有约北京的三分之一；在人均公园绿地面积上，最高的是内蒙古(19.77)，其次是宁夏(18.3)，最低的是上海(7.83)。

表 9 地区层面影响因素概况

地区	总抚养比（%）	老年人抚养比（%）	人均可支配收入（元）	移动电话普及率（部/百人）	互联网普及率（%）	每千人卫生技术人员	每千人卫生机构床位数	社区服务中心覆盖率（%）	每千老年人口养老床位数	每万人拥有公共交通车辆	人均公园绿地面积（平方米）
安徽	40.85	16.15	19998.1	70.10	44.3	4.74	4.55	24.6	35.17	11.95	14.02
北京	29.23	15.17	52530.4	178.06	77.8	10.77	5.39	95	38.22	24.31	16.01
福建	39.36	13.87	27607.9	107.36	69.7	5.67	4.51	19.2	23.24	15.26	13.08
甘肃	36.83	13.62	14670.3	84.44	42.4	5.16	5.15	15.6	34.40	9.16	13.94
广东	32.33	10.18	30295.8	130.46	74.0	6.05	4.23	83.1	28.22	14.20	17.87
广西	45.03	14.06	18305.1	78.01	46.1	5.99	4.64	10.4	25.59	9.77	11.77
贵州	46.83	14.13	15121.1	86.71	43.2	5.76	5.92	100	36.80	11.36	14.98
河北	41.58	15.44	19725.4	95.33	53.3	5.26	4.83	4.9	34.98	13.68	14.31
河南	44.64	14.57	18443.1	82.76	43.4	5.74	5.47	3.1	23.48	10.88	10.43
黑龙江	28.19	15.3	19838.5	90.69	48.1	5.83	5.79	15.5	27.33	13.58	11.91
湖北	37.09	15.87	21786.6	79.59	51.4	6.53	6.13	17.1	33.02	12.76	10.99
湖南	43.04	17.01	21114.8	73.20	44.4	5.75	6.24	14.8	21.75	15.13	10.57
吉林	30.72	14.19	19967.0	97.14	50.9	6.1	5.53	15.2	25.60	10.26	13.37
江苏	37.43	18.56	32070.1	102.50	56.6	6.46	5.54	85.5	40.33	16.57	14.79

续表

地区	总抚养比（%）	老年人抚养比（%）	人均可支配收入（元）	移动电话普及率（部/百人）	互联网普及率（%）	每千人卫生技术人员	每千人卫生机构床位数	社区服务中心覆盖率(%)	每千老年人口养老床位数	每万人拥有公共交通车辆	人均公园绿地面积（平方米）
江西	44.55	13.87	20109.6	68.39	44.6	4.81	4.55	7.2	30.15	8.86	14.16
辽宁	31.34	17.37	26039.7	101.13	62.6	6.34	6.5	29.7	22.90	12.91	11.33
内蒙古	28.6	12.14	24126.6	98.04	52.2	6.76	5.53	13.9	58.32	10.26	19.77
宁夏	36.85	10.65	18832.3	106.15	50.7	6.62	5.38	29.8	40.72	13.47	18.30
青海	36.87	9.89	17301.8	90.95	54.5	6.24	5.86	10.3	38.37	14.49	10.78
山东	40.04	16.32	24685.3	96.46	52.9	6.45	5.44	13.8	38.50	15.88	17.91
山西	31.67	11.45	19048.9	91.42	55.5	6.13	5.15	8.2	22.21	9.42	11.86
陕西	34.37	14.43	18873.7	100.02	52.4	7.57	5.91	13.0	25.47	16.01	12.30
上海	29.26	16.76	54305.3	130.44	74.1	7.36	5.34	52.3	28.89	12.70	7.83
四川	42.16	19.47	18808.3	88.29	43.6	6.00	6.28	20.2	31.43	12.90	12.47
天津	28.63	14.62	34074.5	96.01	64.6	6.08	4.21	40.8	23.06	18.09	10.59
云南	38.71	11.62	16719.9	82.65	39.9	5.23	5.31	10.8	21.62	13.17	11.33
浙江	32.59	15.43	38529.0	129.27	65.6	7.74	5.19	47.3	56.29	16.27	13.17

注：资料来源于2017年中国统计年鉴。

第三节 研究框架与研究方法

根据本书的研究内容和研究思路，结合2016年CLASS调查和2017年中国统计年鉴的数据，本书的研究框架如下，详见图1。

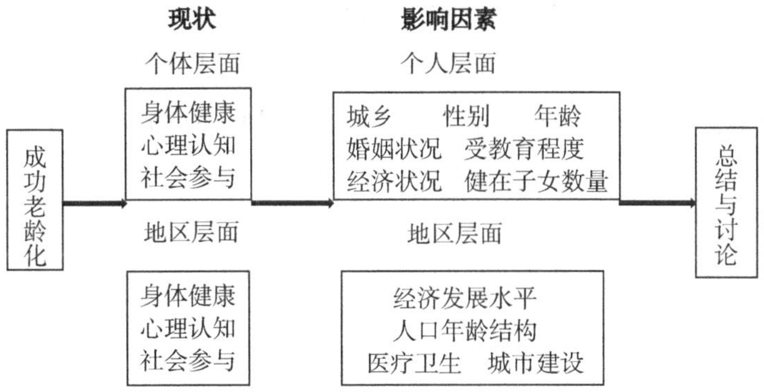

图1 研究框架

根据图1，本研究的主要研究思路和研究方法如下：

首先，对中国成功老龄化的现状进行描述性分析。一是在个人层面进行描述性分析：从身体健康、心理认知和社会参与三个方面，分析成功老龄化的现状。二是在地区层面进行描述性分析，通过计算平均值的方法，分析中国28个省/市/自治区成功老龄化在身体健康、心理认知和社会参与三个方面的状况，并使用聚类分析的方法，从整体上勾勒出中国成功老龄化在地区层面的差异与类别。

其次，对中国成功老龄化的影响因素进行多元线性回归分析。一是分析个人层面的影响因素：主要从老年人个体的城乡类别、性别、年龄、婚姻状况、受教育程度、经济状况和健在子女数量等人口学特征，运用多元线性回归和套嵌模型，分析其对个体成功老龄化水平产生的影响。二是分析地区层面的影响因素：主要从地区层面的经济发展水平、人口年龄结构、医疗卫生水平和城市建设水平等方面，运用多元线性回归和套嵌模型，分析其对地区成功老龄化水平产生的影响。

最后，对个人层面和地区层面的成功老龄化在三个维度的分析结果进行对比，发现目前中国在个人层面和地区层面成功老龄化所呈现出来的特征和可能的一些影响因素，在此基础上提出一些对策建议。

第四节　本章小节

本章首先分别从个人层面和地区层面介绍了本研究的数据来源和样本概况；然后详细介绍了本研究的主要概念的定义以及个人层面和地区层面自变量和因变量的测量方式和指标选取依据；最后，将个人层面和地区层面相结合构建了本研究的分析框架，在此基础上简要介绍了本研究的分析思路和分析方法。

第三章　个体层面的成功老龄化：老年人的身体健康

第一节　老年人身体健康状况的现状

一、老年人日常活动能力(ADL)现状

表1显示的是老年人日常活动能力的情况，结果显示：老人在“自己打电话”方面，不需要别人帮助的占比85.1%，需要一些帮助的占比8.0%，完全做不了的占比7.0%；老人在“把自己收拾得干净整齐”方面，不需要别人帮助的占比94.1%，需要一些帮助的占比4.0%，完全做不了的占比1.9%；老人在“自己穿衣服”方面，不需要别人帮助的占比95.4%，需要一些帮助的占比3.3%，完全做不了的占比1.3%；老人在“自己洗澡”方面，不需要别人帮助的占比91.6%，需要一些帮助的占比6.3%，完全做不了的占比2.1%；老人在“自己吃饭”方面，不需要别人帮助的占比96.5%，需要一些帮助的占比2.4%，完全做不了的占比1.0%；老人在“自己吃药”方面，不需要别人帮助的占比94.3%，需要一些帮助的占比4.7%，完全做不了的占比1.0%；老人在“小便失禁”方面，没有的占比94.2%，偶尔有的占比5.1%，经常有的占比0.7%；老人在“大便失禁”方面，没有的占比96.7%，偶尔有的占比2.8%，经常有的占比0.5%；老人在“自己上厕所”方面，不需要别人帮助的占比96.5%，需要一些帮助的占比2.5%，完全做不了的占比1.1%；老人在“自己从床上移到床边的椅子上”方面，不需要别人帮助的占比96.6%，需要一些帮助的占比2.4%，完全做不了的占比1.0%；老人在“在室内走动”方面，不需要别人帮助的占比97.9%，需要一些帮助的占比

1.1%，完全做不了的占比1.0%。

在B4-1至B4-11十一个指标中：指标“室内走动”平均值最高(平均得分为1.9691)，其次是“有大便失禁的现象吗”(平均得分为1.9623)，指标“能自己打电话吗”得分最低(平均得分为1.7810)；指标“能自己打电话吗”标准差最高(0.55726)，指标“能自己洗澡吗”其次(0.36847)，指标“有大便失禁的现象吗”最低(0.21368)。指标“自己打电话”平均值最低且标准差最高，说明老年人在“自己打电话”方面的差异很大。

上述结果说明，11个指标中除了“自己打电话”方面不需要帮助的占比低于90%，其他指标不需要帮助的占比都高于90%，说明老年人自己打电话的能力偏低，这可能和年龄问题关系密切，老年人在较大程度上对于学习使用智能手机的能力较弱，但总体上来看，老年人基本活动能力状况是处于较高水平的。

表1　　**老年人日常活动能力现状(N=11471)(单位：%)**

测量指标	2分	1分	0分	平均值	标准差
B4-1 能自己打电话吗	85.1	8.0	7.0	1.7810	0.55726
B4-2 能把自己收拾得干净整齐吗	94.1	4.0	1.9	1.9225	0.33066
B4-3 能自己穿衣服吗	95.4	3.3	1.3	1.9414	0.28423
B4-4 能自己洗澡吗	91.6	6.3	2.1	1.8953	0.36847
B4-5 能自己吃饭吗	96.5	2.4	1.0	1.9547	0.25339
B4-6 能自己吃药吗	94.3	4.7	1.0	1.9336	0.28557
B4-7 有小便失禁的现象吗	94.2	5.1	0.7	1.9344	0.27615
B4-8 有大便失禁的现象吗	96.7	2.8	0.5	1.9623	0.21368
B4-9 能自己上厕所吗	96.5	2.5	1.1	1.9537	0.25646
B4-10 能自己从床上移到床边的椅子上吗	96.6	2.4	1.0	1.9568	0.24556
B4-11 能在室内走动吗	97.9	1.1	1.0	1.9691	0.22253

注：在B4-1至B4-6、B4-10至B4-11中，0分表示“完全做不了”，1分表示“需要一些帮助”，2分表示“不需要别人帮助”；在B4-7、B4-8中，0分表示“经常有”，1分表示“偶尔有”，2分表示“没有”，得分越高代表状况越好。具体赋值详见第二章。

二、老年人工具性日常活动能力(IADL)现状

表2显示的是老年人工具性日常活动能力的情况，结果显示：老人在“上下楼梯”方面，不需要别人帮助的占比92.6%，需要一些帮助的占比4.9%，完全做不了的占比2.4%；老人在“过去12个月，有没有摔倒过”方面，没有的占比89.9%，有一次的占比6.6%，至少有两次的占比3.5%；老人在“外面行走”，不需要别人帮助的占比95.3%，需要一些帮助的占比3.1%，完全做不了的占比1.6%；老人在“自己乘坐公共交通工具”上面，不需要别人帮助的占比87.0%，需要一些帮助的占比8.6%，完全做不了的占比4.4%；老人在“自己购物”方面，不需要别人帮助的占比88.1%，需要一些帮助的占比7.5%，完全做不了的占比4.4%；老人在“管理自己的钱财”方面，能的占比91.2%，不能的占比8.8%；老人在“提起10斤重的东西”方面，能的占比78.8%，不能的占比21.2%；老人在“自己做饭”方面，不需要别人帮助的占比89.4%，需要一些帮助的占比5.9%，完全做不了的占比4.6%；老人在“自己做家务”方面，不需要别人帮助的占比89.0%，需要一些帮助的占比6.5%，完全做不了的占比4.6%。

在B6-1至B6-9九个指标中：指标“能提起十斤重的东西吗”平均值最高(平均得分为1.2192)，指标“能自己乘坐公共交通工具吗”其次(平均得分为1.1725)，指标“能不能在外面行走”最低(平均得分为1.0656)；指标“能自己乘坐公共交通工具吗”标准差最高(0.48183)，指标“能自己购物吗”其次(0.47325)，指标“能管理自己的钱财吗”最低(0.28344)。指标“能自己乘坐公共交通工具吗”平均值和标准差都较高，说明老年人在“能自己乘坐公共交通工具吗”方面得分较好但差异很大。

上述结果说明，老年人工具性日常活动能力得分分布差异较大。其中得2分占比最高的是“B6-3能不能在外面行走?”，最低的是“B6-7能提起10斤重的东西吗?”。0分占比最高的是“B6-7能提起10斤重的东西吗?”，最低的是“B6-3能不能在外面行走?”；得2分占比在90%以上的有“B6-1能上下楼梯(台阶)吗?”“B6-3能不能在外面行走?”“B6-6能管理自己的钱财吗?”。说明绝大部分的老人具有独立行走的能力，较多老人有上下楼梯和管理自己钱财的能力，同时有较多老人难以提起10斤重的东西。

表 2　　老年人工具性日常活动能力现状(N=11471)(单位:%)

	2 分	1 分	0 分	平均值	标准差
B6-1 能上下楼梯(台阶)吗?	92.6	4.9	2.4	1.1023	0.37114
B6-2 过去 12 个月，有没有摔倒过?	89.9	6.6	3.5	1.1412	0.43435
B6-3 能不能在外面行走?	95.3	3.1	1.6	1.0656	0.30273
B6-4 能自己乘坐公共交通工具吗?	87.0	8.6	4.4	1.1725	0.48183
B6-5 能自己购物吗?	88.1	7.5	4.4	1.1634	0.47325
B6-6 能管理自己的钱财吗?	91.2	0.0	8.8	1.0947	0.28344
B6-7 能提起 10 斤重的东西吗?	78.8	0.0	21.2	1.2192	0.40862
B6-8 能自己做饭吗?	89.4	5.9	4.6	1.1533	0.47119
B6-9 能自己做家务吗?	89.0	6.5	4.6	1.1626	0.47232

注：在 B6-1、B6-2 至 B6-5、B6-8 至 B6-9 中，0 分表示“完全做不了”，1 分表示“需要一些帮助”，2 分表示“不需要别人帮助”；在 B6-2 中，0 分表示“至少有两次”，1 分表示“有一次”，2 分表示“没有”；在 B6-6 至 B6-7 中，0 分表示“不能”，2 分表示“能”，得分越高代表状况越好。具体赋值详见第二章。

第二节　老年人身体健康状况的交互分析

一、老年人身体健康得分的城乡差异

1. 分析结果

表 3 中，根据受访者居住的地区类型，将居住在市/县城的中心地区、市/县城的边缘地区、市/县城的城乡接合部三类地区的居民划分为“城”居民；将居住在市/县城区以外的镇的居民划分为“镇”居民；将居住在农村和其他地区的居民划分为“农村”居民。表 3 显示，第一，三项得分最高分均为“城”得分。分别为：“城”ADL 得分：21.34 分、“城”IADL 得分：16.63 分、“城”身体健康总分：38.26 分；第二，三项得分的高低趋势均保持“城”“镇”“农村”依次递减的大方向；第三，从差异程度上看，“城”与“镇”的差异要小于“镇”与“农村”的差异。其中，“城”与“镇”的 ADL 得分差异为 0.1 分，“镇”与“农村”的 ADL 得分差异为 0.21 分；“城”与“镇”的 IADL 得分差异为 0.08 分，“镇”与“农村”的 IADL 得

分差异为 0. 32 分；“城”与“镇”的 ADL+IADL 得分差异为 0. 17 分，“镇”与“农村”的 ADL+IADL 得分差异为 0. 51 分。

2. 对结果的解释

相比于居住在其他地区的老年人，居住在“城”里的老年人在经济状况、医疗配套设施、政策福利享受等方面占据一定优势，可利用的资源相对而言更多。因而“城”里居住老人的身体健康状况会优于另外两类地区的老人，诸多的研究都将社会经济状况作为健康水平差异的决定性因素(曾毅等，2004)。此外，居住在“城”“镇”的老人，有可能可以更多地获得来自子女或其他家庭成员的照顾，特别是在日常照料和心理慰藉上，这两方面更多的获得都有利于老年人拥有更好的健康水平。无论是经济状况还是子女陪伴的状况都保持着由“城”到“农村”递减的趋势，所以，三项得分的高低趋势均保持“城”“镇”“农村”依次递减的大方向。受到目前中国仍旧存在的城乡二元发展结构的影响，“城”与“农村”在经济水平、医疗卫生服务、基础设施建设等方面存在着巨大差异。其中，“镇”作为城乡地区的缓冲区域与城市间经济水平差异相对较小。这种不均衡的发展模式体现在老年人身体健康得分的城乡差异上时，表现出一种不等距差异。即“城”与“镇”的差异要小于“镇”与“农村”的差异。

表 3　　　　　**老年人身体健康得分的城乡差异(N=11421)**

	城	镇	农村
ADL 得分	21. 34	21. 24	21. 03
IADL 得分	16. 63	16. 55	16. 23
身体健康总分	38. 26	38. 09	37. 58

二、老年人身体健康得分的年龄差异

1. 分析结果

表 4 中，根据受访者的年龄，将其分为“60～69 岁”“70～79 岁”“80 岁及以上”三个组别。从表中数据来看，第一，三项得分的最高得分均在“60～69 岁”这

一年龄段的群体中，分别为 ADL 得分：21.62 分；IADL 得分：17.25 分；ADL+IADL 得分：39.03 分。第二，三项得分的总趋势与年龄成反比。即年龄越大，三项指标得分越低。第三，从差异程度上来看“60~69 岁”老人与“70~79 岁”老人之间得分的差异小于“70~79 岁”老人与“80 岁及以上”老人间的得分差异。其中，“60~69 岁”老人与“70~79 岁”老人 ADL 得分的差异为 0.56 分，“70~79 岁”老人与“80 岁及以上”老人间的 ADL 得分差异为 1.2 分；“60~69 岁”老人与“70~79 岁”老人 IADL 得分的差异为 1.12 分，“70~79 岁”老人与“80 岁及以上”老人间的 IADL 得分差异为 2.05 分。

2. 对结果的解释

随着年龄的增加，身体健康状况不断下滑。同时，随着老年人年龄的增长，子女也相应的长大成人，自己的子女陆续组建自己的家庭。可能出现不能在老人身边照料的情况。无论从自我生理条件还是心理条件上看，年龄的上升都会导致身体健康水平的下降，即年龄与身体健康状况成反比。“60~69 岁”的老年人作为最年轻的年龄组，在身体健康水平上占有相对的优势。从差异程度上来看，考虑到“80 岁及以上”组别是一个开区间，包括了一些 90 岁甚至是 100 岁以上的超高龄老人，可能存在极低值。因此，这一类老人的健康状况受到极端低值的影响，样本内部分布不均，导致平均得分与“70~79 岁”得分的差距，比“60~69 岁”老人与“70~79 岁”老人之间得分的差距大。

表 4　　**老年人身体健康得分的年龄差异(N=11471)**

	60~69 岁	70~79 岁	80 岁及以上
ADL 得分	21.62	21.06	19.86
IADL 得分	17.25	16.13	14.08
身体健康总分	39.03	37.57	34.64

三、老年人身体健康得分的性别差异

1. 分析结果

表 5 中，依据受访者性别将其分为“男”“女”两类。数据结果显示：首先，

男性的身体健康得分要高于女性，其中男性老人 ADL 得分为 21. 27 分，女性老人 ADL 得分为 21. 13 分；男性老人 IADL 得分为 16. 63 分，女性老人 IADL 得分为 16. 29 分；男性老人 ADL+IADL 得分为 38. 15 分，女性老人 ADL+IADL 得分为 37. 78 分。其次，男性老人与女性老人在三项身体健康得分的差异上并不明显，男性老人与女性老人在 ADL 得分上的差异为 0. 14 分，在 IADL 得分上的差异为 0. 34 分，在 ADL+IADL 得分上的差异为 0. 37 分。

2. 对结果的解释

“女性比男性相对长寿”这一观点在不同学科间已经达成共识。但在不考虑寿命的情况下，仅从个体间身体健康状况来看，女性却处于相对较低的水平。这与中国传统的“男主外女主内”观念有一定关系，受这种思想的引导，女性在职业选择上往往被期待从事家务方面的劳动。长期从事繁重家务劳动，同时还要分担绝大部分抚养孩子的任务，因此受长期慢性疾病困扰的女性不在少数(黄茂盛等，2001)。同时，长期在家中从事家务活动与社会脱节的状况增加了女性的社会焦虑，从心理上对女性的健康状况造成不小的负面影响。此外，由于受访者年龄均在 60 岁以上，此阶段老人的身体状况均出现下滑，性别上的差异存在着收敛的情况。相较于中年男女间身体健康的差异，由于中年男性可能处在身体状态的相对峰值，因此与中年女性间的差异相对较大。但到了 60 岁及以上阶段，男性的身体状况下滑较快，而女性的身体状况变化相对平稳，因此性别上的差异表现出收敛的状况。

表 5 **老年人身体健康得分的性别差异(N=11470)**

	男	女
ADL 得分	21. 27	21. 13
IADL 得分	16. 63	16. 29
身体健康总分	38. 15	37. 78

四、老年人身体健康得分的婚姻状况差异

1. 分析结果

表 6 中，将老年人的婚姻状况分为“已婚有配偶”“丧偶”“离婚”“未婚”四

类。结果显示，老年人在身体健康得分上体现出明显的婚姻状况上的差异，首先，从ADL的得分情况来看，得分最高的是“离婚”的老人(21.5分)，“已婚有配偶”老人(21.42分)得分紧随其后；其次，从IADL的得分情况来看，“离婚”老人(17.06分)的得分仍处于最高水平，并且与其他三类老人的得分差距扩大，最高达到1.65分；最后，在总体得分上，“离婚”老人(38.72分)得分最高，“丧偶”老人(36.56分)得分最低。

2. 对结果的解释

上述结果说明，“离婚”老人身体健康的得分最高，“丧偶”老人身体健康的得分最低。现实生活中“丧偶”老人在面对配偶离世的情况下不仅要面对巨大的情感压力，导致精神上的长期低落，可能还面临着独自生活的所带来的一系列问题。生理和心理两方面的不利因素都会导致“丧偶”老人的健康状况水平低于其他婚姻状况的老人。“离婚”老人的平均得分最高可能与离婚的健康选择效应有关(顾大男，2003)。从“离婚”老人与“已婚有配偶”老人平均得分的差异来看，“已婚有配偶”老人中拥有较高健康水平的老人，才有可能具有一定的选择离婚独自生活能力，而健康水平较差的老人则可能考虑到未来的照料和其他问题，更倾向于选择维持婚姻即有配偶的生活。所以，“离婚”老人群体可能是从“已婚有配偶”总体中筛选出的相对健康的成员，其健康水平会略高于“已婚有配偶”老人。“丧偶”老人和“未婚”老人在生活上缺少配偶的照料及陪伴，且丧偶老人相对而言其平均年龄更大，身体机能较差，其生理心理两方面的健康都会处于相对劣势地位。总体来说，老年人在身体健康得分上体现出明显的婚姻状况上的差异，在某种程度上体现了家庭结构的完整性(特别是配偶的陪伴和相互照料)对老年人的健康有积极的作用。

表6　　**老年人身体健康得分的婚姻状况差异(N=11471)**

	已婚有配偶	丧偶	离婚	未婚
ADL得分	21.42	20.65	21.5	20.98
IADL得分	16.86	15.41	17.06	16.50
身体健康总分	38.5	36.56	38.72	37.73

五、老年人身体健康得分的受教育程度差异

1. 分析结果

表7中，将不识字、私塾/扫盲班、小学这三类合并为“小学及以下”类别，“初中”类别不变，高中/中专、大专及以上这两类合并为“高中及以上”类别。表7结果显示，老年人在身体健康得分上体现出明显的受教育程度上的差异，具体表现为：第一，在总体得分上，受教育程度为“初中”的老年人总体得分最高(39.07分)，其次是“高中及以上”的老年人(38.96分)，“小学及以下”的老年人得分最低(38.01分)。第二，在ADL得分上，受教育程度在“初中”和“高中及以上”的老年人，得分相同(21.67分)，但“小学及以下”的老年人得分低于“初中”和“高中及以上”的老年人(21.22分)。第三，在IADL得分上，“初中”的老年人总体得分最高(17.22分)，其次是“高中及以上”的老年人(17.10分)，“小学及以下”的老年人得分最低(16.50分)。

2. 对结果的解释

上述结果说明：在一定限度的前提下，受教育程度越高的老年人，有可能拥有的各方面资源越好，因而越能够充分利用各种设施来维持自身的身体健康；受教育程度越高，越能提高老年人的职业地位，为其健康支出提供可靠与充足的生活来源；而当老年人受教育程度达到一定程度时(比如“初中”)，收入和可利用的资源增加的同时，所面对的心理和生活压力也可能会增加，从而会对长期的身体健康状况产生一定的负面影响，导致受教育程度为“高中及以上”的老年人身体健康三个类别上的平均得分都略低于受教育程度为“初中”的老年人。

表7　**老年人身体健康得分的受教育程度差异(N=4888)**

	小学及以下	初中	高中及以上
ADL得分	21.22	21.67	21.67
IADL得分	16.50	17.22	17.10
身体健康总分	38.01	39.07	38.96

六、老年人身体健康得分的经济状况差异

1. 分析结果

表8中，将老年人的总收入其划分为5类："0~1999元""2000~9999元""10000~29999元""30000~59999元""60000元及以上"。老年人在身体健康平均得分上体现出明显的经济状况上的差异，具体表现为：第一，在总体得分上，老年人个人总收入在29999元以下类别的，经济状况越好，身体状况越好，收入为"10000~29999元"老年人，身体健康的平均得分最高，为21.53，之后随着收入的增加，老年人身体健康的平均得分呈逐渐下降的趋势，但收入在"30000~59999元""60000元及以上"两个组别的老年人身体健康的平均得分仍高于"0~1999元""2000~9999元"两个组别；第二，在ADL和IADL得分上，也呈现出跟总体得分类似的趋势。

2. 对结果的解释

上述结果说明：收入在29999元以内的老年人，经济状况越好，拥有的经济资源有可能越好，因而越能有资金实力来进行健康投资，从而维持自身的身体健康。而收入在29999元以上的老年人，在获取更高收入同时，成年期面对的心理压力和职业压力更大，可能导致晚年身体机能降低，身体状况变差。

表8　**老年人身体健康得分的经济状况差异(N=11471)**

	0~1999元	2000~9999元	10000~29999元	30000~59999元	60000元及以上
ADL得分	20.71	21.19	21.53	21.46	21.44
IADL得分	15.61	16.44	16.99	16.89	16.59
身体健康总分	36.75	37.92	38.73	38.59	38.33

七、老年人身体健康得分的健在子女数量差异

1. 分析结果

表9结果显示，老年人在身体健康平均得分上体现出明显的健在子女数量上

的差异，具体表现为：第一，在总体得分上，拥有 1 个健在子女的老年人，身体健康总体得分是最高的(38.80 分)，其次是拥有 2 个健在子女的老年人(38.50 分)，拥有 3 个及以上健在子女的老年人得分最低(37.21 分)；第二，在 ADL 和 IADL 得分上，也呈现出跟总体得分类似的趋势。

2. 对结果的解释

上述结果说明：拥有 1 个健在子女的老年人，身体健康状况是最好的，过少或过多的子女数量则会产生一定的不利影响。可能的解释是：一方面无健在子女意味着老年人晚年生活缺少来自子女照料和关爱，以及子女的经济支持，会在一定程度上导致老年人自身活动能力降低，身体状况变差；另一方面过多的健在子女则可能导致老年人年轻时照料子女负担较重，压力偏大，亦或是子女数量过多而出现相互之间对于养老责任的推诿(耿德伟，2013)，最终不利于老年人的身体健康状况。

表 9　　老年人身体健康得分的健在子女数量差异(N=11191)

	0 个	1 个	2 个	3 个及以上
ADL 得分	21.20	21.53	21.41	20.92
IADL 得分	16.31	17.05	16.86	15.90
身体健康总分	37.87	38.80	38.50	37.21

第三节　老年人身体健康状况的影响因素分析

本节主要对老年人身体健康状况的影响因素进行了分析，即将 ADL 得分，IADL 得分和二者得分之和分别作为因变量，运用多元线性回归模型，考察老年人的人口学特征对三个得分的影响状况。

一、老年人 ADL 的影响因素分析

1. 模型 1

在表 10 中，模型 1 纳入了以下个体层面人口学影响因素：城乡类型(以农村

为参照组）、年龄（以80岁及以上为参照组）、性别（以女性为参照组）、婚姻状况（以未婚为参照组）、受教育程度（以小学及以下为参照组）。表格展示的是标准化回归系数。表10模型1分析结果显示："城""60到69岁""70到79岁""初中""高中及以上"这些影响因素通过了 $p<0.05$ 的显著性检验，说明在控制了以上影响因素以后，城市的老年人相比农村老年人ADL状况更好。年龄"60到69岁"及"70到79岁"老人相比年龄"80岁及以上"老人ADL状况更好。学历在"初中"及"高中及以上"老人相比"小学及以下"老人ADL状况更好。从标准化回归系数的绝对值来看，年龄这一因素的影响力最大，"60到69岁"及"70到79岁"两个组别的标准化回归系数分别为0.317和0.210，体现出明显的老年人ADL得分随着年龄上升而下降的趋势。

2. 模型2

表10模型2在模型1的基础上加入了"经济状况"因素（以0到1999元为参照组）。从模型2可以发现"城""60到69岁""70到79岁""初中""2000到9999元""10000到29999元""30000到59999元""60000元及以上"等变量通过了 $p<0.05$ 的显著性检验。这一结果说明：在加入了"经济状况"这一影响因素之后，变量"高中及以上"由显著变为了不显著。即在加入了"经济状况"变量之后，收入对老年人的基本生活能力产生了较强的显著影响，同时削弱了高学历对老年人基本活动能力的影响力，可能因为经济资本在很大程度上关系着老年人健康支出的多少，影响着其生活质量的状况，因此在经济状况的作用下，是否高学历便显得不再那么重要，不会对老年人的日常活动能力产生显著性影响。

另外，在加入了"经济状况"影响因素之后，变量"城"的标准化回归系数绝对值变小了0.029，"年龄60到69岁"的标准化回归系数绝对值变小了0.001，"年龄70到79岁"的标准化回归系数绝对值没有变化，"初中"的标准化回归系数绝对值变小了0.004。上述结果说明，在加入了"经济状况"变量之后，在模型1和模型2中都通过了显著性检验的变量中，除了变量"年龄70到79岁"对老年人日常活动能力的影响力没有发生变化，其他变量对老年人基本活动能力的影响力都在减弱，这表示"经济状况"对老年人是否有能力为健康多投入有着较大影响，在这个影响因素的作用下，其他因素对老年人身体状况的影响甚至会降低，至于为什么高龄老人的日常基本活动能力不会受到“经济状况”影响，可能年龄到了一定阶段之后，收入支持对身体健康的边际效益不在明显。

3. 模型 3

表格 10 中，模型 3 是全模型，模型 3 在模型 2 的基础上加入了“健在子女数量”因素(以 0 个健在子女为参照组)。从模型 3 可以发现“60 到 69 岁”“70 到 79 岁”“初中”“2000 到 9999 元”“10000 到 29999 元”“30000 到 59999 元”“60000 元及以上”变量通过了 $p<0.05$ 的显著性检验，并且，在加入了“健在子女数量”影响因素之后，变量“城”由显著变为了不显著。该结果说明：在控制了健在子女数量之后，“城”和“农村”的老年人日常活动能力没有显著性差异了。

同时，在加入了“健在子女数量”影响因素之后，变量“60 到 69 岁”的标准化回归系数绝对值变小了 0.009，“70 到 79 岁”的标准化回归系数绝对值变小了 0.002，“初中”的标准化回归系数绝对值变小了 0.001，“高中及以上”的标准化回归系数绝对值变小了 0.001，“2000 到 9999 元”的标准化回归系数绝对值变小了 0.001，“10000 到 29999 元”的标准化回归系数绝对值没有变化，“30000 到 59999 元”的标准化回归系数绝对值变小了 0.001，“60000 及以上”的回归系数绝对值变小了 0.001。上述结果说明：在控制了健在子女数量后，年龄、受教育程度和收入的影响力都有一定程度的下降。

从总体上来看：在模型 1 中，变量“60~69 岁”标准化回归系数的绝对值最大(0.317)，“70~79 岁”其次(0.210)，说明年龄是对老年人 ADL 平均得分影响最大的因素。在模型 2 中，变量“60 ~ 69 岁”标准化回归系数的绝对值最大(0.316)，“70~79 岁”其次(0.210)，同样说明年龄是对老年人 ADL 得分影响最大的因素。模型 2 跟模型 1 相比，变量“城”的变化最大，标准化回归系数减少了 0.029，“70~79 岁”的变化最小，标准化回归系数没有变化，说明在加入“经济状况”作为影响因素后，“城”对老年人 ADL 影响的变化最大，“70 ~ 79 岁”对老年人 ADL 影响的变化最小。

在模型 3 中，变量“60~69 岁”标准化回归系数的绝对值最大(0.307)，“70~79 岁”其次(0.208)，说明年龄是对老年人 ADL 得分影响最大的因素，性别和婚姻状况对老年人 ADL 得分没有显著影响。模型 3 跟模型 2 相比，变量“60~69 岁”的变化最大，标准化回归系数减少了 0.09，“10000 到 29999 元”的变化最小，标准化回归系数没有变化，说明在加入“健在子女数量”作为影响因素后，“60～69 岁”对老年人 ADL 得分影响的变化最大，“10000 到 29999 元”对老年人 ADL 得分影响变化最小。模型 2 和模型 3 的 R 方相同(0.07)，模型 1 的 R 方(0.064)低于模型 2 和模型 3，说明将所有变量都纳入后，整体上对 ADL 得分的解释力提高了，达到 7%。

表 10　　**老年人 ADL 影响因素的多元回归模型**

	模型 1	模型 2	模型 3
城	0.052**	0.023**	0.020
镇	0.017	0.011	0.010
农村(参照组)			
年龄 60 到 69 岁	0.317**	0.316**	0.307**
年龄 70 到 79 岁	0.210**	0.210**	0.208**
年龄 80 岁及以上(参照组)			
男	0.007	0.004	0.003
女(参照组)			
已婚有配偶	0.064	0.055	0.079
丧偶	0.001	-0.003	0.021
离婚	0.009	0.007	0.010
未婚(参照组)			
初中	0.031**	0.027**	0.026**
高中及以上	0.025**	0.017	0.016
小学及以下(参照组)			
2000 到 9999 元		0.049**	0.050**
10000 到 29999 元		0.081**	0.081**
30000 到 59999 元		0.076**	0.075**
60000 元及以上		0.042**	0.041**
0 到 1999 元(参照组)			
1 个健在子女			-0.015
2 个健在子女			-0.015
3 个及以上健在子女			-0.041
0 个健在子女(参照组)			
	$R^2=0.064$	$R^2=0.07$	$R^2=0.07$

注：**表示 $p<0.05$。

二、老年人 IADL 的影响因素分析

1. 模型 1

在表 11 中，模型 1 纳入了以下个体层面人口学影响因素：城乡类型(以农村为参照组)、年龄(以 80 岁及以上为参照组)、性别(以女性为参照组)、婚姻状况(以未婚为参照组)、受教育程度(以小学及以下为参照组)。表格展示的是标准化回归系数。表 11 模型 1 结果显示："城""镇""60 到 69 岁""70 到 79 岁""男""初中""高中及以上"这些都变量通过了 $p<0.05$ 的显著性检验。从标准化回归系数的绝对值来看，影响力最大的是"60 到 69 岁"(0.430)，其次是"70 到 79 岁"(0.268)，影响力最小的是"高中及以上"(0.019)。

2. 模型 2

表 11 模型 2 在模型 1 的基础上加入了经济状况因素。模型 2 结果显示："60 到 69 岁""70 到 79 岁""初中""2000 到 9999 元""10000 到 29999 元""30000 到 59999 元""60000 元及以上"这些都变量通过了 $p<0.05$ 的显著性检验。从标准化回归系数的绝对值来看，影响力较大的是依次是"60 到 69 岁"(0.428)"70 到 79 岁"(0.268)"30000 到 59999 元"(0.100)，影响力最小的是"初中"(0.028)。

模型 2 增加在模型 1 的基础上了"经济状况"变量后："城""男""镇""高中及以上"这些变量对 IADL 的影响由显著变为不显著。另外，加入经济状况后，"60 到 69 岁"和"初中"这两个变量在标准化回归系数的绝对值上发生了变化，其标准化归系数的绝对值均有所下降。

3. 模型 3

表 11 中，模型 3 是全模型，模型 3 在模型 2 的基础上加入了"健在子女数量"因素。模型 3 结果显示："60 到 69 岁""70 到 79 岁""2000 到 9999 元""10000 到 29999 元""30000 到 59999 元""60000 元及以上""3 个以上健在子女"这些都变量通过了 $p<0.05$ 显著性检验。从标准化回归系数的绝对值来看，影响力较大的是"年龄 60 到 69 岁"(0.411)"年龄 70 到 79 岁"(0.263)，影响力最小的是

“60000 元及以上”(0. 036)。

模型 3 增加了“健在子女数量”变量后，一方面，“初中”对 IADL 的影响由显著变为不显著；另一方面，“60 到 69 岁”“70 到 79 岁”“2000 到 9999 元”“10000 到 29999 元”“30000 到 59999 元”“60000 元及以上”这些变量在标准化回归系数的绝对值上发生了变化，其标准化归系数的绝对值均有所下降。

模型 1 到模型 3，R 方呈上升趋势，其中模型 1 到模型 2 的 R 方变化幅度较大(增加了 1%)，模型 2 到模型 3 的 R 方变化幅度很小(增加了 0. 2%)，将所有变量都纳入模型后，整体对 IADL 得分的解释力最高，达到 13%。

表 11　　**老年人 IADL 影响因素的多元线性回归**

	模型 1	模型 2	模型 3
城	0. 055**	0. 017	0. 012
镇	0. 021**	0. 013	0. 012
农村(参照组)			
年龄 60 到 69 岁	0. 430**	0. 428**	0. 411**
年龄 70 到 79 岁	0. 268**	0. 268**	0. 263**
年龄 80 岁及以上(参照组)			
男	0. 021**	0. 016	0. 015
女(参照组)			
已婚有配偶	0. 036	0. 024	0. 083
丧偶	-0. 057	-0. 063	-0. 005
离婚	0. 005	0. 002	0. 011
未婚(参照组)			
初中	0. 033**	0. 028**	0. 025
高中及以上	0. 019**	0. 010	0. 007
小学及以下(参照组)			
2000 到 9999 元		0. 058**	0. 059**
10000 到 29999 元		0. 098**	0. 097**
30000 到 59999 元		0. 100**	0. 097**

续表

	模型 1	模型 2	模型 3
60000 元及以上		0.038**	0.036**
0 元到 1999 元(参照组)			
1 个健在子女			-0.04
2 个健在子女			-0.044
3 个及以上健在子女			-0.094**
0 个健在子女(参照组)			
	$R^2=0.118$	$R^2=0.128$	$R^2=0.130$

注：**表示 $p<0.05$。

三、老年人身体健康状况整体的影响因素分析

1. 模型 1

在表 12 中，模型 1 纳入了以下个体层面人口学影响因素：城乡类型(以农村为参照组)、年龄(以 80 岁及以上为参照组)、性别(以女性为参照组)、婚姻状况(以未婚为参照组)、受教育程度(以小学及以下为参照组)。表格展示的是标准化回归系数。表 12 模型 1 结果显示：变量“城”“镇”“60 到 69 岁”“70 到 79 岁”“初中”“高中及以上”通过了 $p<0.05$ 的显著性检验，说明在控制了以上影响因素以后，城市、乡镇的老年人相比农村老年人整体身体健康状况(ADL+IADL)更好；“年龄 60 到 69 岁”及“年龄 70 到 79 岁”老人相比“年龄 80 岁及以上”老人整体身体健康状况更好。学历在“初中”及“高中及以上”老人相比“小学及以下”老人整体身体健康状况更好。从标准化回归系数的绝对值来看，年龄这一因素的影响力最大。随着年龄上升，老年人整体身体健康状况的得分呈下降趋势。

2. 模型 2

模型 2 在模型 1 的基础上加入了“经济状况”因素(0 到 1999 元为参照组)。从模型 2 可以发现，“城”“60 到 69 岁”“70 到 79 岁”“初中”“2000 到 9999 元”“10000 到 29999 元”“30000 到 59999 元”“60000 元及以上”等变量通过了 $p<0.05$

的显著性检验，根据标准化回归系数的绝对值可以看出，影响力较大的是“60 到 69 岁”(0.398)、“70 到 79 岁”(0.258)、“10000 到 29999 元”(0.096)、“30000 到 59999 元”(0.096)。

在控制了“经济状况”影响因素之后，变量“镇”“高中及以上”由显著变为了不显著。该结果说明：在加入了“经济状况”变量之后，收入对老年人整体身体健康状况产生了较强的显著影响，同时削弱了居住地为镇、高学历对老年人整体身体健康状况的影响力，可能因为经济资本在很大程度上关系着老年人健康支出的多少，影响着其生活质量的状况，因此在经济状况的作用下，是否高学历便显得不再那么重要。同时，居住地为镇如果有充足的经济资源，老年人对健康的投资渠道也不会受到限制。所以在控制了“经济状况”因素之后，镇和高学历都不会对老年人的整体身体健康状况产生显著性影响。

同时，在控制了“经济状况”影响因素之后，变量“城”的标准化回归系数绝对值变小了 0.036，“60 到 69 岁”的标准化回归系数绝对值变小了 0.002，“70 到 79 岁”的标准化回归系数绝对值没有变化，“初中”的标准化回归系数绝对值变小了 0.005。上述结果说明，在加入了“经济状况”变量之后，在模型 1 和模型 2 中都通过了显著性检验的变量中，除了变量“70 到 79 岁”对老年人整体身体健康状况的影响力没有发生变化，其他变量对老年人整体身体健康状况的影响力都在减弱，这表明“经济状况”对老年人是否有能力为健康有更多投入有着较大影响，在这个强烈影响的作用下，其他因素对老年人整体身体健康状况的影响甚至会降低，至于为什么高龄老人的整体身体健康状况不会受到“经济状况”影响，可能由于老年人年龄到了一定阶段后，经济状况上升对老年人身体健康的边际影响不再显著。

3. 模型 3

表 12 模型 3 是全模型，模型 3 在模型 2 的基础上加入了“健在子女数量”因素(0 个健在子女为参照组)。模型 3 结果显示：“60 到 69 岁”“70 到 79 岁”“初中”“2000 到 9999 元”“10000 到 29999 元”“30000 到 59999 元”“60000 元及以上”变量通过了 $p<0.05$ 的显著性检验，根据标准化回归系数的绝对值可以看出，影响力较大的是“60 到 69 岁”(0.384)、“70 到 79 岁”(0.253)、“10000 到 29999

元”(0.095)。

在控制了“健在子女数量”影响因素之后，变量“城”由显著变为了不显著。该结果说明：在健在子女数量相同的情况下，老年人整体身体健康的城乡差异不再明显。同时，在控制了“健在子女数量”影响因素之后，变量“60 到 69 岁”的标准化回归系数绝对值变小了 0.014，“70 到 79 岁”的标准化回归系数绝对值变小了 0.005，“初中”的标准化回归系数绝对值变小了 0.002、“2000 到 9999 元”的标准化回归系数绝对值没有变化、“10000 到 29999 元”的标准化回归系数绝对值变小了 0.001、“30000 到 59999 元”的标准化回归系数绝对值变小了 0.003、“60000 及以上”的回归系数绝对值变小了 0.001。

模型 1 到模型 3，R 方呈上升趋势，其中模型 1 到模型 2 的 R 方变化幅度较大(增加了 1%)，模型 2 到模型 3 的 R 方变化幅度很小(增加了 0.1%)，将所有变量都纳入后，对老年人整体身体健康的解释力是最高的，达到 11.2%。上述结果说明：“经济状况”能够加大多元回归模型对老年人整体身体健康的解释力，收入确实对老年人整体身体健康状况有较大的影响作用。同时，“健在子女数量”对老年人整体身体健康状况解释力的提升作用比较小。

表 12　　老年人身体健康状况整体影响因素的多元回归模型

	模型 1	模型 2	模型 3
城	0.06**	0.024**	0.019
镇	0.022**	0.014	0.013
农村(参照组)			
年龄 60 到 69 岁	0.4**	0.398**	0.384**
年龄 70 到 79 岁	0.258**	0.258**	0.253**
年龄 80 岁及以上(参照组)			
男	0.01	0.006	0.005
女(参照组)			
已婚有配偶	0.054	0.043	0.090
丧偶	−0.029	−0.035	0.013
离婚	0.007	0.004	0.011

续表

	模型 1	模型 2	模型 3
未婚(参照组)			
初中	0.035**	0.030**	0.028**
高中及以上	0.023**	0.014	0.012
小学及以下(参照组)			
2000 到 9999 元		0.057**	0.057**
10000 到 29999 元		0.096**	0.095**
30000 到 59999 元		0.096**	0.093**
60000 元及以上		0.043**	0.042**
0 到 1999 元(参照组)			
1 个健在子女			-0.031
2 个健在子女			-0.035
3 个及以上健在子女			-0.077
0 个健在子女(参照组)			
	$R^2=0.101$	$R^2=0.111$	$R^2=0.112$

注：**表示 $p<0.05$。

第四章　个体层面的成功老龄化：老年人的心理认知

第一节　老年人心理认知的现状

一、老年人认知能力现状

表1展示的是老年人的认知能力情况，结果显示，老人在回答“今天是几月几号”问题上面，正确的占比86.8%，错误的占比13.2%；老人在回答“小区/村子的名字”问题上面，正确的占比97.3%，错误的占比2.7%；老人在回答“国庆节是哪天”问题上面，正确的占比90.5%，错误的占比9.5%；老人在回答“现在国家主席是谁”问题上面，正确的占比92%，错误的占比8%；老人在回答“今年农历是什么年”问题上面，正确的占比86.8%，错误的占比13.2%；老人在“复述词语‘苹果/桌子/硬币’的数量”上面，正确复述数量为3的占比65.3%，数量为2的占比17.3%，数量为1的占比11.7%，数量为0的占比5.7%。

在E1-1至E1-5五个指标中：指标“是否正确回答这个小区/村子的名字叫什么”平均值最高（0.9726），指标“是否正确回答现在国家主席是谁”其次（0.9196），指标“是否正确回答今天是几月几号”最低（0.8680）；指标“是否正确回答今天是几月几号”标准差最高（0.33852），指标“是否正确回答今年农历是什么年”其次（0.33805），指标“是否正确回答这个小区/村子的名字叫什么”最低（0.16330）。指标“是否正确回答这个小区/村子的名字叫什么”平均值最高、标准差最低，说明老年人在回答小区/村子名字上的离散程度小，差异小，而指标“是否正确回答今天是几月几号”平均值最低、标准差最高，说明老年人在回答今天的日期上的离散程度大，差异大。

同时，通过这些数据，可以看出在 E1-1 至 E1-5 五个问题中，老年人除了在回答“今天是几月几号”和“今年农历是什么年”问题上，正确率低于 90%，其他三个指标回答正确的比率都高于 90%；有 65.3%的老人能正确复述全部词语，有 5.7%的老人完全不能正确复述词语。说明在认知能力方面，老年人对于时间的把握力较差；而在复述词语数量上，有超过 40%的老年人不能全部正确复述，这可能与老年人的记忆力、反应速度、听力等有关联。

表 1　**认知能力每个指标选项的百分比(N=11471)(单位:%)**

	3 分	2 分	1 分	0 分	平均值	标准差
E1-1 是否正确回答今天是几月几号			86.8	13.2	0.8680	0.33852
E1-2 是否正确回答这个小区/村子的名字叫什么			97.3	2.7	0.9726	0.16330
E1-3 是否正确回答国庆节是哪天			90.5	9.5	0.9051	0.29311
E1-4 是否正确回答现在国家主席是谁			92.0	8.0	0.9196	0.27200
E1-5 是否正确回答今年农历是什么年			86.8	13.2	0.8684	0.33805
E1-6 正确复述词语“苹果/桌子/硬币”的数量	65.3	17.3	11.7	5.7	2.4220	0.90598

注：E1-1 至 E1-5 中，0 分表示回答错误，1 分表示回答正确；在 E1-6 中，0 分表示 0 个，1 分表示 1 个，2 分表示 2 个，3 分表示 3 个。得分越高代表状况越好。具体赋值详见第二章。

二、老年人主观感受现状

表 2 展示的是老年人的认知能力情况，结果显示：老人在“过去一周您觉得自己心情很好吗”方面，表示“经常”的占比 32.8%，表示“有时”的占比 38.2%，表示“没有”的占比 19.5%；老人在“过去一周您觉得孤单吗”方面，表示“没有”的占比 56.3%，表示“有时”的占比 35.6%，表示“经常”的占比 8.1%；老人在“过去一周您觉得心里很难过吗”方面，表示“没有”的占比 58.3%，表示“有时”的占比 35.5%，表示“经常”的占比 6.1%；老人在“过去一周您觉得自己的日子过得很不错吗”方面，表示“经常”的占比 25.4%，表示“有时”的占比 43.7%，表

示“没有”的占比 31%；老人在“过去一周您觉得不想吃东西吗”方面，表示“没有”的占比 52.4%，表示“有时”的占比 41.8%，表示“经常”的占比 5.8%；老人在“过去一周您睡眠不好吗”方面，表示“没有”的占比 43.5%，表示“有时”的占比 47.1%，表示“经常”的占比 9.4%；老人在“过去一周您觉得自己不中用了吗”方面，表示“没有”的占比 49.6%，表示“有时”的占比 40%，表示“经常”的占比 10.4%；老人在“过去一周您觉得自己没事可做吗”方面，表示“没有”的占比 49.1%，表示“有时”的占比 42.4%，表示“经常”的占比 8.5%；老人在“过去一周您觉得生活中有很多乐趣吗”方面，表示“经常”的占比 22.9%，表示“有时”的占比 45%，表示“没有”的占比 32.1%。

在 E1-1 至 E1-9 九个指标中：指标“过去一周您觉得心里很难过吗”平均值最高(1.5222)，指标“过去一周您觉得孤单吗”其次(1.4826)，指标“过去一周您觉得生活中有很多乐趣吗”最低(0.9076)；指标“过去一周您觉得自己的日子过得很不错吗”标准差最高(0.74851)，指标“过去一周您觉得自己心情很好吗”其次(0.74621)，指标“过去一周您觉得不想吃东西吗”最低(0.60435)。说明在回答“觉得自己的日子过得很不错吗”问题上，老年人的差异最大，在回答“觉得不想吃东西吗”问题上，老年人的差异最小。

通过这些数据，可以看出过去一周有 19.5%的老年人心情不好，只有 32.8%的老年人表示过去一周心情经常很好，说明老年人心情变化较大；表示过去一周经常觉得孤单的老年人占 8.1%、经常觉得难过的老年人占 6.1%，说明大部分老年人内心还是不孤单、不难过的；只有 25.4%的老年人表示过去一周日子过得很不错，31%的老年人表示过去一周日子过得很不好，说明老年人并不是很幸福；表示过去一周经常觉得不想吃东西的老年人占 5.8%、经常睡眠不好的老年人占 9.4%、经常觉得没事可做的老年人占 8.5%，说明老年人的饮食状况、睡眠状况和活动状况较好；有 10.4%的老年人过去一周经常觉得自己不中用，说明有部分老年人对自己动手能力表示不满意；值得注意的是，有 32.1%的老年人过去一周经常觉得生活没乐趣，说明较大多数老年人认为自己生活不具有趣味性，非常无聊。

表 2　　主观感受每个指标选项的百分比（N=11471）（单位：%）

	2 分	1 分	0 分	平均值	标准差
E2-1 过去一周您觉得自己心情很好吗	32.8	38.2	19.5	1.1469	0.74621
E2-2 过去一周您觉得孤单吗	56.3	35.6	8.1	1.4826	0.64137
E2-3 过去一周您觉得心里很难过吗	58.3	35.5	6.1	1.5222	0.60993
E2-4 过去一周您觉得自己的日子过得很不错吗	25.4	43.7	31	0.9437	0.74851
E2-5 过去一周您觉得不想吃东西吗	52.4	41.8	5.8	1.4656	0.60435
E2-6 过去一周您睡眠不好吗	43.5	47.1	9.4	1.3413	0.64214
E2-7 过去一周您觉得自己不中用了吗	49.6	40	10.4	1.3914	0.66819
E2-8 过去一周您觉得自己没事可做吗	49.1	42.4	8.5	1.4069	0.64070
E2-9 过去一周您觉得生活中有很多乐趣吗	22.9	45	32.1	0.9076	0.73590

注：E2-1、E2-4 和 E2-9 答案 1、2、3 分别赋值为 0 分、1 分、2 分，其余指标答案 1、2、3 分别赋值为 2 分、1 分、0 分，即得分越高代表状况越好。具体赋值详见第二章。

第二节　老年人心理认知状况的交互分析

一、老年人心理认知得分的城乡差异

1. 分析结果

表 3 中，根据受访者居住的地区类型，将居住在市/县城的中心地区、市/县城的边缘地区、市/县城的城乡接合部三类地区的居民划分为“城”居民；将居住在市/县城区以外的镇的居民划分为“镇”居民；将居住在农村和其他地区的居民划分为“农村”居民。表 3 显示，三项得分最高分均为“城”。分别为：“城”认知能力得分：7.37、“城”认知能力得分：12.00、“城”心理认知总分：19.36；第二，三项得分的高低趋势均保持“城”“镇”“农村”依次递减的大方向；第三，从差异程度上看，“城”与“镇”的差异要大于“镇”与“农村”的差异。其中，“城”与“镇”的认知能力得分差异为 0.37，“镇”与“农村”的认知能力得分差异为 0.06；“城”与“镇”的主观感受得分差异为 0.55，“镇”与“农村”的主观感受得分差异为 0.2；“城”与“镇”的心理认知总分差异为 0.9，“镇”与“农村”的心理认知总分差异为 0.26。

2. 对结果的解释

相比于居住在其他地区的老年人，居住在“城”里的老年人在经济水平、医疗条件及养老保障、生活环境、社会支持等方面都具有一定优势，在这些因素的共同作用下，“城”里居住老人的心理健康状况会优于其他地区的老人。此外，农村老年人物质生活水平普遍低于“城”“镇”老年人，身体上更易衰老和患病，并且随着城市化的发展，大量农村年轻劳动力流入城市，出现了农村留守老人，这些老人缺少子女情感慰藉和生活照料，致使其心理健康状况偏低。农村老年人无论是经济状况还是子女陪伴的状况都保持着由“城”到“农村”递减的趋势，所以，三项得分的高低趋势均保持“城”“镇”“农村”依次递减的大方向。受到城乡二元发展的结构影响，“城”与“农村”在经济水平、医疗卫生资源、基础设施建设等方面存在着巨大差异。其中，由于城市发展速度之快，“镇”作为城乡地区的缓冲区域与农村间经济水平差异相对较小。这种不均衡的发展模式体现在老年人心理认知得分的城乡差异上时，表现出一种不等距差异。即“城”与“镇”的差异要大于“镇”与“农村”的差异。

表 3　　**老年人心理认知得分的城乡差异(N=8879)**

	城	镇	农村
认知能力得分	7.37	7.01	6.95
主观感受得分	12.00	11.45	11.25
心理认知总分	19.36	18.46	18.20

二、老年人心理认知得分的年龄差异

1. 分析结果

表4中，根据受访者的出生年月，将其分为“60~69岁”“70~79岁”“80岁及以上”三类。从表中数据来看，三项指标的最高得分均在“60~69岁”这一年龄段的群体中，分别为“60~69岁”认知能力得分：7.37、“60~69岁”主观感受得分：

11.91、“60~69岁”心理认知总分：19.27。第二，三项得分的总趋势与年龄成反比。即年龄越大，三项指标得分越低。第三，从差异程度上来看“60~69岁”老人与“70~79岁”老人间得分的差异小于“70~79岁”老人与“80岁及以上”老人间的得分差异。其中，“60~69岁”老人与“70~79岁”老人认知能力得分的差异为0.27，“70~79岁”老人与“80岁及以上”老人间的认知能力得分差异为0.41；“60~69岁”老人与“70~79岁”老人主观感受得分的差异为0.31，“70~79岁”老人与“80岁及以上”老人间的主观感受得分差异为0.49；“60~69岁”老人与“70~79岁”老人心理认知总分的差异为0.64，“70~79岁”老人与“80岁及以上”老人间的心理认知总分差异为0.82。

2. 对结果的解释

随着年龄的增加，老年人的脑力活动会逐渐减少，大脑及感觉器官的老化使得认知功能日趋衰退。参与社会交往活动能力的下降，老年人社交圈子缩小，不利于心理认知水平的提高，加之身体功能的下降，可能加重老年人的心理负担，造成精神紧张，更不利于心理健康(吴振云等，2001)。“60~69岁”老人处在三类老人中最年轻的阶段，因此在心理健康水平上占有相对的优势。从差异程度上来看，考虑到“80岁及以上”老人中包含超高龄老人这一特殊情况，他们的平均得分可能受极端值的影响。因此，这一类老人的心理认知状况受到极端低值的影响，样本内部分布不均，导致与“70~79岁”老人之间的差距过大。

表4　**老年人心理认知得分的年龄差异(N=8923)**

	60~69岁	70~79岁	80岁及以上
认知能力得分	7.37	7.10	6.69
主观感受得分	11.91	11.6	11.11
心理认知总分	19.27	18.63	17.81

三、老年人心理认知得分的性别差异

1. 分析结果

表5中，依据受访者性别将其分为“男”“女”两类。数据结果显示：男性老

年人的三项得分均高于女性，其中男性老人认知功能得分为 7. 30 分，女性老人认知功能得分为 7. 14 分；男性老人主观感受得分为 11. 8 分，女性老人主观感受得分为 11. 64 分；男性老人心理认知总分为 19. 02 分，女性老人心理认知总分为 18. 8 分。

2. 对结果的解释

虽然一般而言女性老年人的平均预期寿命和平均余寿远高于男性老年人，但并不意味着女性老年人的心理认知状况优于男性老年人，更长的平均余寿，有可能会导致女性老年人患各种慢性病、残疾等的可能性更大，容易产生负情绪，影响心理健康。另一方面，女性老年人通常会承担更多的家务劳动和抚养子女的任务，参与社会活动的机会相比男性老年人减少，一定程度上增加了社会焦虑，对心理认知水平会产生一定的负面影响(唐丹、陈章明，2011)。“女性比男性相对长寿”这一观点在不同学科间已经达成共识，但仅从个体间心理健康状况来看，女性却处于相对较低的水平。在“男主外女主内”的观念下，不少女性老年人经济相对不独立，从而产生依赖情绪和危机感。因此，从多方面来说，相对于男性老年人，女性老年人的心理健康水平可能会更差。

表 5　　老年人心理认知得分的性别差异(N=8923)

	男	女
认知能力得分	7. 30	7. 14
主观感受得分	11. 80	11. 64
心理认知总分	19. 02	18. 80

四、老年人心理认知得分的婚姻状况差异

1. 分析结果

表 6 中，将老年人的婚姻状况分为“已婚有配偶”“丧偶”“离婚”“未婚”四

类。从表中数据来看，老年人在心理认知得分上体现出明显的婚姻状况上的差异。第一，三项指标的最低得分均在“未婚”老年人这一群体中，分别为认知能力得分7.3，主观感受得分11.93，心理认知总分19.22。第二，在“认知能力”上，“已婚有配偶”的老年人得分低于“离婚”老年人，除此情况外，“已婚有配偶”的老年人的心理认知总得分均高于无配偶的老年人(丧偶、离婚、未婚)，分别为认知能力得分(7.40>7.30>6.94>6.63)、主观感受得分(11.93>11.54>11.10>10.81)、心理认知总分(19.22>18.91>18.02>17.44)。第三，在无配偶的老年人群体中，“离婚”老年人的三项得分均高于“丧偶”和“未婚”老年人，分别是认知能力得分7.40、主观感受得分11.54、心理认知总分18.91。

2. 对结果的解释

以上分析结果表明，老年人在心理认知水平得分上保持着“未婚”老年人最低的趋势。“未婚”老年人没有配偶的陪伴，长期以来过着独居的生活，不能满足其精神慰藉的需求，很容易造成抑郁内向的个性，从而导致一系列心理问题(高敏、李延宇，2016)。“离婚”老人认知能力得分高于“已婚有配偶”老人，可能与其自主选择能力有关，既然能在权衡利弊、得失的情况下，选择了离婚，说明“离婚”老年人各方面条件相对较好，认知能力较强。所以，“离婚”老人本身是从“已婚有配偶”老人中筛选出的相对心理健康的个体，其心理健康水平也略高于“已婚有配偶”老人。另外，已婚有配偶的老年人能够获得更多家庭成员的照顾，共同分担压力、痛苦，同时也能互相慰藉，提供精神上的支持，对心理健康会起到一定的保护作用，这是无配偶的老年人难以获得的，因此“已婚有配偶”的老年人相对于无配偶的老年人心理健康状况更好。在无配偶的老年人群体中，经历过“丧偶”的老年人，会受到配偶离世以及独居带来的长期负面影响；而“未婚”老年人，则由于没有配偶的陪伴和子女的各种代际支持，内心更加压抑、痛苦；“离婚”老年人更有独立思考的能力，并且能够从“已婚”状态中脱离出来，说明其身体机能、心理素质都占有一定优势，因此“离婚”老年人相对“丧偶”“未婚”老年人心理认知状况更好。

表 6　　　　**老年人心理认知得分的婚姻状况差异(N=8923)**

	已婚有配偶	丧偶	离婚	未婚
认知能力得分	7.30	6.94	7.40	6.63
主观感受得分	11.93	11.10	11.54	10.81
心理认知总分	19.22	18.02	18.91	17.44

五、老年人心理认知得分的受教育程度差异

1. 分析结果

表 7 中，将不识字、私塾/扫盲班、小学这三类合并为“小学及以下”类别，“初中”类别不变，高中/中专、大专及以上这两类合并为“高中及以上”类别。从表中数据来看，老年人在心理认知上体现出明显的受教育程度上的差异，具体表现为：第一，主观感受得分和心理认知总得分最高均为“高中及以上”的老年人，分别是主观感受得分 12.80、心理认知总分 20.30。第二，随着受教育程度的提升，心理认知水平大致呈现出一种上升的趋势。即受教育程度越高，老年人心理认知状况越好。第三，“小学及以下”与“初中”老年人的心理认知得分差异大于“初中”与“高中及以上”老年人的心理认知得分差异，具体表现为：“小学及以下”与“初中”老年人认知能力得分差异为 0.5，“初中”与“高中及以上”老年人认知能力得分差异为 0.02；“小学及以下”与“初中”老年人主观感受得分差异为 0.85，“初中”与“高中及以上”老年人主观感受得分差异为 0.67；“小学及以下”与“初中”心理认知总分差异为 1.35，“初中”与“高中及以上”老年人认知能力得分差异为 0.62。

2. 对结果的解释

高学历的老年人有更多的机会参与社会活动，社交圈子的维持利于老年人丰富生活，保持好心情，提高主观幸福感，减缓老年人认知能力的衰退；同时，高学历老年人依然能够更好地进行脑力活动，保证大脑、感觉器官等的机能性，促进认知功能的维持；高学历老年人的经济水平要高于低学历的老年人，为其健康

支出提供可靠与充足的生活来源，减少身体疾病带来的负面感情绪，利于促进心理健康(陈天勇等，2003)。从差异程度上来看，考虑到“小学及以下”老年人中包含没有受过教育这一特殊情况，他们的情况可能存在极端值。因此，这一类老人的心理认知状况会受到极端低值的影响，样本内部分布不均，导致与“初中”老人之间的差距过大。

表 7　　　　老年人心理认知得分的受教育程度差异(N=3997)

	小学及以下	初中	高中及以上
认知能力得分	7.05	7.55	7.53
主观感受得分	11.28	12.13	12.80
心理认知总分	18.33	19.68	20.30

注：受教育程度的缺失值为4926，所以样本数量偏少。

六、老年人心理认知得分的经济状况差异

1. 分析结果

表8结果显示，老年人在心理认知方面体现出明显的受教育程度上的差异，具体表现为：第一，收入在“30000~59999元”的老年人在三项指标上的得分均为最高，分别为认知能力得分7.49、主观感受得分12.28、心理认知总分19.77；第二，收入在59999元及以下的老年人，经济状况越好心理认知得分就越高，收入在60000元及以上的老年人，心理认知水平低于收入在“30000~59999元”的老年人。

2. 对结果的解释

经济收入对老年人心理健康有着基础性的影响和作用，收入在59999元及以下时，老年人的经济越宽裕，对物质生活满意度越高；同时收入较高的老年人社会活动参与度高，有利于提高幸福感，并且经济条件好的老年人能够通过多种渠道获取有效的保健措施，享受较好的医疗服务，心理压力小。经济收入低的老年

人，不仅生活压力大，生活质量差，而且就医压力也大，可获得的医疗保障服务资源更少，容易产生负面情绪，影响其心理健康。收入在60000元及以上的老年人，可能早期的职业压力更大，更有可能患有一些慢性疾病等，这些消极情况会给老年人的晚年生活带来负面情绪的影响，可能造成老年人“有钱但不开心”的情况，不利于心理健康。

表8　　　　老年人心理认知得分的经济状况差异（N=8923）

	0~1999元	2000~9999元	10000~59999元	30000~59999元	60000元及以上
认知能力得分	7.02	6.94	7.35	7.49	7.10
主观感受得分	11.00	11.28	11.76	12.28	11.92
心理认知总分	18.00	18.22	19.12	19.77	19.00

七、老年人心理认知得分的健在子女数量差异

1. 分析结果

表9结果显示，老年人在心理认知方面体现出明显的子女数上的差异，具体表现为：第一，拥有1个子女的老年人三项指标得分均为最高，分别是认知能力得分7.36分、主观感受得分12.30分、心理认知总分19.62分；第二，没有子女的老年人在主观感受和心理认知的得分上均为最低，分别是主观感受得分10.38分、心理认知总分17.50分。

2. 对结果的解释

上述结果说明拥有1个子女的老年人，心理认知水平是最高的，过少或过多的子女数量都会产生一定的不利影响。子女对父母的关心、交流，能够带给老年情感上的慰藉，减少负面情绪；子女也能给父母提供物质上的支持，提高老年人的生活满意度；老年人在接受子女家庭支持的同时，也能给予子女提供帮助，这种代际关系中的“互惠”，使得老年人得到双重的心理安慰，提高了主观幸福感。而没有子女的老年人意味着其老年生活无人照料，也无其他经济支持，更无情感

支持，容易产生负面情绪，加速心理认知功能的下降；过多的子女数则可能导致老年人年轻时照料子女负担较重，压力偏大，同时较多的健在子女有可能导致子女之间互相推卸责任，出现责任分散，影响了老年人的心理健康状况。

表 9　　老年人心理认知得分的健在子女数量差异(N=8707)

	0个	1个	2个	3个及以上
认知能力得分	7.10	7.36	7.32	7.04
主观感受得分	10.38	12.30	11.80	11.41
心理认知总分	17.50	19.62	19.10	18.50

第三节　老年人心理认知状况的影响因素分析

本节主要对老年人的心理认知状况的影响因素进行了分析，即将认知能力得分、主观感受得分和二者得分之和分别作为因变量，运用多元线性回归模型，考察老年人的人口学特征对三个得分的影响状况。

一、老年人认知能力的影响因素分析

1. 模型 1

在表 10 中，模型 1 纳入了以下个体层面人口学影响因素因素：城乡类型(农村为参照组)、年龄(80 岁及以上为参照组)、性别(女性为参照组)、婚姻状况(未婚为参照组)、受教育程度(小学及以下为参照组)。表格展示的是标准化回归系数。表 10 模型 1 分析结果显示："城""镇""60 到 69 岁""70 到 79 岁""已婚有配偶""丧偶""离婚""初中""高中及以上"等变量通过了 $p<0.05$ 的显著性检验，说明在控制了以上影响因素以后，城市、乡镇的老年人相比农村老年人认知能力状况更好；年龄"60 到 69 岁"及"70 到 79 岁"老人相比"80 岁及以上"老人认知能力状况更好；学历在"初中"及"高中及以上"老人相比"小学及以下"老人认知能力状况更好。从标准化回归系数的绝对值来看，年龄这一因素的影响力最

大。随着年龄上升，老年人认知能力得分呈下降趋势。

2. 模型 2

模型 2 在模型 1 的基础上加入了经济状况因素(以 0 到 1999 元为参照组)。从模型 2 可以发现，“城”“60 到 69 岁”“70 到 79 岁”“男”“已婚有配偶”“初中”“高中及以上”“10000 到 29999 元”“30000 到 59999 元”“60000 元及以上”等变量通过了 $p<0.05$ 的显著性检验。该结果说明：在加入了“经济状况”影响因素之后，变量“镇”“丧偶”“离婚”由显著变为了不显著。该结果说明：在加入了“经济状况”变量之后，收入对老年人的认知能力产生了较强的显著影响，同时削弱了居住地为“镇”和“丧偶”“离婚”状态对老年人认知能力的影响力。可能因为经济资本在很大程度上关系着老年人支出的多少，影响着其生活质量的状况，因此在经济状况的作用下，是否居住在“镇”还是“农村”对老年人的认知水平影响不大，不会对老年人的认知能力产生显著性影响。而“丧偶”“离婚”的老年人相比于“未婚”老年人其实区别很小，都是无配偶的状态，因此在控制了“经济状况”因素后，“丧偶”“离婚”还是“未婚”对老年人心理健康状况影响不大，不会对老年人的认知能力产生显著性影响。

同时，在控制了“经济状况”影响因素之后，变量“城”的标准化回归系数绝对值变小了 0.057，“60 到 69 岁”的标准化回归系数绝对值变小了 0.007，“70 到 79 岁”的标准化回归系数绝对值变小了 0.004，“男”的标准化回归系数绝对值变小了 0.007，“已婚有配偶”的标准化回归系数绝对值变小了 0.019，“初中”的标准化回归系数绝对值变小了 0.006，“高中及以上”的标准化回归系数绝对值变小了 0.015。上述结果说明，在加入了“经济状况”变量之后，在模型 1 和模型 2 中都通过了显著性检验的变量中，所有变量对老年人认知能力的影响力都在减弱，这表示“经济状况”对老年人是否有能力为心理健康多投入有着较大影响，在这个强烈影响的作用下，其他因素对老年人认知能力的影响甚至会降低。

3. 模型 3

模型 3 是全模型，模型 3 在模型 2 的基础上加入了“健在子女数量”因素(以

0个健在子女为参照组)。在加入了“健在子女数量”影响因素之后，所有变量的显著性都没变化。同时，变量“城”的标准化回归系数绝对值变小了0.001，“60到69岁”的标准化回归系数绝对值变小了0.003，“70到79岁”的标准化回归系数绝对值变小了0.001，“男”的标准化回归系数绝对值没有变化，“初中”的回归系数绝对值变小了0.001、“高中及以上”的标准化回归系数绝对值变小了0.001、“2000到9999元”的标准化回归系数绝对值没有变化、“10000到29999元”的标准化回归系数绝对值变小了0.001、“30000到59999元”的标准化回归系数绝对值没有变化、“60000及以上”的标准化回归系数绝对值变小了0.002。

从总体上来看，上述结果说明：在模型1中，变量“60~69岁”标准化回归系数绝对值最大(0.277)，“已婚有配偶”其次(0.194)，“镇”最低(0.022)，说明“年龄”是对老年人认知能力影响较大的因素，是否居住在“镇”对老年人认知能力影响很小。在模型2中，变量“60~69岁”标准化回归系数绝对值最大(0.284)，“年龄70~79岁”其次(0.178)，“男”最低(0.030)，同样说明“年龄”是对老年人认知能力影响最大的因素，“性别”是对老年人认知能力影响最小的因素。

模型2跟模型1相比，变量“城”的标准化回归系数变化最大(0.057)，“70到79岁”的标准化回归系数变化最小(0.004)，说明在加入“经济状况”作为影响因素后，“城”对老年人认知能力影响的变化最大，“70~79岁”对老年人认知能力影响变化最小。

在模型3中，变量“年龄60~69岁”的标准化回归系数绝对值最大(0.281)，“70~79岁”其次(0.177)，“男”最低(0.030)，说明“年龄”是对老年人认知能力影响最大的因素，“男”是对老年人认知能力影响最小的因素。模型3跟模型2相比，变量“60到69岁”的标准化回归系数变化最大(0.003)，“男”“30000到59999元”的标准化回归系数变化最小(0)，说明在加入“健在子女数量”影响因素后，“60到69岁”对老年人认知能力影响的变化最大，“男”“30000到59999元”对老年人认知能力影响变化最小。模型2和模型3的R方相同(0.108)，模型1的R方(0.092)低于模型2和模型3，说明将所有变量都纳入后，整体上能解释认知能力的比例提高了，达到10.8%。

表 10　　　　老年人认知能力影响因素的多元回归模型

	模型 1	模型 2	模型 3
城	0.161**	0.104**	0.103**
镇	0.022**	0.009	0.008
农村(参照组)			
年龄 60 到 69 岁	0.277**	0.284**	0.281**
年龄 70 到 79 岁	0.174**	0.178**	0.177**
年龄 80 岁及以上(参照组)			
男	0.037**	0.030**	0.030**
女(参照组)			
已婚有配偶	0.194**	0.175**	0.116**
丧偶	0.108**	0.097	0.040
离婚	0.031**	0.026	0.015
未婚(参照组)			
初中	0.076**	0.070**	0.069**
高中及以上	0.049**	0.034**	0.033**
小学及以下(参照组)			
2000 到 9999 元		0.021	0.021
10000 到 29999 元		0.096**	0.095**
30000 到 59999 元		0.142**	0.142**
60000 及以上		0.060**	0.058**
0 到 1999 元(参照组)			
1 个子女			0.053
2 个子女			0.084**
3 个及以上子女			0.063
0 个健在子女(参照组)			
	$R^2=0.092$	$R^2=0.108$	$R^2=0.108$

注：**表示 $p<0.05$。

二、老年人主观感受的影响因素分析

1. 模型 1

在表 11 中，模型 1 纳入了以下个体层面人口学影响因素因素：城乡类型(以农村为参照组)、年龄(以 80 岁及以上为参照组)、性别(以女性为参照组)、婚姻状况(以未婚为参照组)、受教育程度(以小学及以下为参照组)。表格展示的是标准化回归系数。表 11 模型 1 结果显示："城""60 到 69 岁""70 到 79 岁""已婚有配偶""初中""高中及以上"等变量通过了 $p<0.05$ 的显著性检验，说明在控制了以上影响因素以后，城市的老年人相比农村老年人主观感受状况更好；"60 到 69 岁"和"70 到 79 岁"老人相比"80 岁及以上"老人主观感受状况更好；学历在"初中"和"高中及以上"老人相比"小学及以下"老人主观感受状况更好。从标准化回归系数的绝对值来看，"已婚有配偶"这一因素的影响力最大，已婚状态的老年人主观感受得分相对较高。

2. 模型 2

表 11 模型 2 在模型 1 的基础上加入了"经济状况"因素(以 0 到 1999 元为参照组)，表格展示的是标准化回归系数。从模型 2 可以发现，"城""60 到 69 岁""70 到 79 岁""初中""高中及以上""10000 到 29999 元""30000 到 59999 元""60000 元及以上"等变量通过了 $p<0.05$ 的显著性检验。在加入了"经济状况"影响因素之后，变量"已婚有配偶"由显著变为不显著。该结果说明：在加入了"经济状况"变量之后，收入对老年人的基本生活能力产生了较强的显著影响，同时削弱了"已婚有配偶"状态对老年人主观感受的影响力。

同时，在加入了"经济状况"影响因素之后，变量"城"的标准化回归系数绝对值变小了 0.04，"60 到 69 岁"的标准化回归系数绝对值变大了 0.011，"70 到 79 岁"的标准化回归系数绝对值变大了 0.006，"初中"的标准化回归系数绝对值变小了 0.005，"高中及以上"的标准化回归系数绝对值变小了 0.014。上述结果说明，在加入了"经济状况"变量之后，在模型 1 和模型 2 中都通过显著性检验的变量中，除了"年龄"变量对老年人主观感受的影响力在增强，其他变量对老年人主观感受的影响力都在减弱，这表示“经济状况”对老年人主观情绪有着较大影响，但是“年龄”对老年人主观感受的影响力不仅没有下降，反而上升，说明“年龄”对老年人主观感受有较大影响。

3. 模型 3

表 11 模型 3 是全模型，在模型 2 的基础上加入了“健在子女数量”因素(以 0 个健在子女为参照组)，表格展示的是标准化回归系数。在加入了“健在子女数量”影响因素之后，变量“城”的标准化回归系数绝对值变小了 0.006，“60 到 69 岁”的标准化回归系数绝对值变小了 0.013，“70 到 79 岁”的标准化回归系数绝对值变小了 0.003，“初中”的标准化回归系数绝对值变小了 0.004、“高中及以上”的标准化回归系数绝对值变小了 0.001、“10000 到 29999 元”的标准化回归系数绝对值变小了 0.001、“30000 到 59999 元”的标准化回归系数绝对值变小了 0.006、“60000 元及以上”的标准化回归系数绝对值变小了 0.003。

从总体上来看，上述结果说明：在模型 1 中，变量“城”的标准化回归系数绝对值最大(0.091)，“高中及以上”其次(0.073)，“初中及以上”最低(0.035)，说明“城”是对老年人主观感受影响较大的因素，是否居住在“镇”对老年主观感受影响很小。在模型 2 中，变量“30000 到 59999 元”的标准化回归系数绝对值最大(0.090)，“年龄 60~69 岁”其次(0.082)，“初中”最低(0.030)，说明“30000 到 59999 元”是对老年人主观感受影响最大的因素，学历是否“初中”是对老年人主观感受影响最小的因素。

模型 2 跟模型 1 相比，变量“城”的标准化回归系数变化最大(0.04)，“初中”的标准化回归系数变化最小(0.005)，说明在加入“经济状况”作为影响因素后，“城”对老年人主观感受影响的变化最大，“初中”对老年人主观感受影响变化最小。

在模型 3 中，变量“1 个子女”的标准化回归系数绝对值最大(0.088)，“30000 到 59999 元”其次(0.084)，“初中”最低(0.026)，说明“1 个子女”是对老年人主观感受影响最大的因素，“初中”是对老年人主观感受影响最小的因素。模型 3 跟模型 2 相比，变量“年龄 60 到 69 岁”的标准化回归系数变化最大(0.013)，“高中及以上”“10000 到 29999 元”的标准化回归系数变化最小

(0.001)，说明在加入“健在子女数量”作为影响因素后，“60 到 69 岁”对老年人主观感受影响的变化最大，“高中及以上”“10000 到 29999 元”对老年人主观感受的影响变化最小。模型 1 到模型 3，R 方呈上升趋势，说明将所有变量都纳入后，整体上解释老年人主观感受的比例最高，达到 4.7%。

表 11　　**老年人主观感受影响因素的多元回归模型**

	模型 1	模型 2	模型 3
城	0.091**	0.051**	0.045**
镇	0.014	0.006	0.004
农村(参照组)			
年龄 60 到 69 岁	0.071**	0.082**	0.069**
年龄 70 到 79 岁	0.040**	0.046**	0.043**
年龄 80 岁及以上(参照组)			
男	0.002	-0.005	-0.005
女(参照组)			
已婚有配偶	0.113**	0.101	0.047
丧偶	0.001	-0.005	-0.055
离婚	0.007	0.004	-0.007
未婚(参照组)			
初中	0.035**	0.030**	0.026**
高中及以上	0.073**	0.059**	0.054**
小学及以下(参照组)			
2000 到 9999 元		-0.005	-0.005
10000 到 29999 元		0.039**	0.038**
30000 到 59999 元		0.090**	0.084**
60000 及以上		0.081**	0.078**
0 到 1999 元(参照组)			
1 个子女			0.088**
2 个子女			0.065**
3 个及以上子女			0.048
0 个健在子女(参照组)			
	$R^2=0.036$	$R^2=0.045$	$R^2=0.047$

注：**表示 $p<0.05$。

三、老年人心理认知整体的影响因素分析

1. 模型 1

在表 12 中，模型 1 纳入了以下个体层面人口学影响因素因素：城乡类型(以农村为参照组)、年龄(以 80 岁及以上为参照组)、性别(以女性为参照组)、婚姻状况(以未婚为参照组)、受教育程度(以小学及以下为参照组)，表格展示的是标准化回归系数。表 12 模型 1 分析结果显示："城""60 到 69 岁""70 到 79 岁""已婚有配偶""初中""高中及以上"等变量通过了 $p<0.05$ 的显著性检验，根据标准化回归系数的绝对值可以看出，影响力较大的是"已婚有配偶"(0.191)、"60 到 69 岁"(0.157)、"城"(0.143)。

2. 模型 2

模型 2 在模型 1 的基础上加入了"经济状况"影响因素(以 0 到 1999 元为参照组)，表格展示的是标准化回归系数。从模型 2 可以发现"城""60 到 69 岁""70 到 79 岁""男""已婚有配偶""离婚""初中""高中及以上""2000 到 9999 元""10000 到 29999 元""30000 到 59999 元""60000 元及以上"等变量通过了 $p<0.05$ 的显著性检验，根据标准化回归系数的绝对值可以看出，影响力较大的是"已婚有配偶"(0.172)和"60 到 69 岁"(0.171)。

在加入了"经济状况"影响因素之后，所有变量的显著性都没发生变化。说明收入对老年人的心理认知水平产生了较强的显著影响。同时，在加入了"经济状况"影响因素之后，变量"城"的标准化回归系数绝对值变小了 0.055，"60 到 69 岁"的标准化回归系数绝对值变大了 0.014，"70 到 79 岁"的标准化回归系数绝对值变大了 0.008，"已婚有配偶"的标准化回归系数绝对值变小了 0.019，"初中"的标准化回归系数绝对值变小了 0.007，"高中及以上"的标准化回归系数绝对值变小了 0.018。上述结果说明，在加入了"经济状况"变量之后，在模型 1 和模型 2 中都通过了显著性检验的变量中，除了变量"60 到 69 岁""70 到 79 岁"对老年人心理认知的影响力在增强，其他变量对老年人心理认知的影响力都在减弱。

3. 模型 3

表 12 中模型 3 是全模型，模型 3 在模型 2 的基础上加入了“健在子女数量”因素(以 0 个健在子女为参照组)，表格展示的是标准化回归系数。在加入了“健在子女数量”影响因素之后，变量“已婚有配偶”由显著变为了不显著。该结果说明：在控制了健在子女数量之后，“已婚”还是“未婚”对于老年人心理认知水平的影响很小，不会对老年人的心理认知产生显著性影响。

同时，在加入了“健在子女数量”影响因素之后，变量“城”的标准化回归系数绝对值变小了 0.005，“60 到 69 岁”的标准化回归系数绝对值变小了 0.011，“70 到 79 岁”的标准化回归系数绝对值变小了 0.003，“初中”的标准化回归系数绝对值变小了 0.003、“高中及以上”的标准化回归系数绝对值变小了 0.004、“10000 到 29999 元”的标准化回归系数绝对值变小了 0.001、“30000 到 59999 元”的标准化回归系数绝对值变小了 0.004、“60000 及以上”的标准化回归系数绝对值变小了 0.003。

从总体上看，上述结果说明：在模型 1 中，变量“已婚有配偶”的标准化回归系数绝对值最大(0.191)，“60 到 69 岁”其次(0.157)，“初中”最低(0.053)，说明“已婚有配偶”是对老年人心理认知水平影响较大的因素，学历是否为“初中”对老年人心理认知影响很小。在模型 2 中，变量“已婚有配偶”的标准化回归系数绝对值最大(0.172)，“年龄 60 到 69 岁”其次(0.171)，“初中”最低(0.046)，说明在控制了“经济状况”后，婚姻状况中的“已婚有配偶”是对老年人心理认知影响最大的因素，学历是否为“初中”是对老年人心理认知影响最小的因素。

模型 2 跟模型 1 相比，变量“城”的标准化回归系数变化最大(0.055)，“初中”的变化最小(0.007)，说明在加入“经济状况”作为影响因素后，“城”对老年人心理认知影响的变化最大，“初中”对老年人心理认知影响变化最小。

在模型 3 中，变量“60 到 69 岁”的标准化回归系数绝对值最大(0.16)，“30000 到 59999 元”其次(0.122)，“初中”最低(0.043)，说明“60 到 69 岁”是对老年人心理认知整体影响最大的因素，“初中”是对老年人心理认知整体影响最小的因素。模型 3 跟模型 2 相比，变量“年龄 60 到 69 岁”的标准化回归系数变化最大(0.011)，“10000 到 29999 元”的变化最小(0.001)，说明在加入“健在子女数量”作为影响因素后，“60 到 69 岁”对老年人心理认知影响的变化最大，“10000 到 29999 元”对老年人心理认知影响变化最小。

模型 1 到模型 3，R 方呈上升趋势，说明将所有变量都纳入后，整体上解释老年人心理认知整体状况的比例最高，达到 8. 4%。

表 12　　　　老年人心理认知整体影响因素的多元回归模型

	模型 1	模型 2	模型 3
城	0. 143**	0. 088**	0. 083**
镇	0. 012	0. 001	-0. 002
农村(参照组)			
年龄 60 到 69 岁	0. 157**	0. 171**	0. 160**
年龄 70 到 79 岁	0. 092**	0. 100**	0. 097**
年龄 80 岁及以上(参照组)			
男	0. 012	0. 003	0. 004
女(参照组)			
已婚有配偶	0. 191**	0. 172**	0. 091
丧偶	0. 078	0. 068	-0. 008
离婚	0. 024	0. 019	0. 003
未婚(参照组)			
初中	0. 053**	0. 046**	0. 043**
高中及以上	0. 079**	0. 061**	0. 057**
小学及以下(参照组)			
2000 到 9999 元		-0. 010	-0. 009
10000 到 29999 元		0. 062**	0. 061**
30000 到 59999 元		0. 126**	0. 122**
60000 及以上		0. 095**	0. 092**
0 到 1999 元(参照组)			
1 个子女			0. 108**
2 个子女			0. 103**
3 个及以上子女			0. 083**
0 个健在子女(参照组)			
	$R^2=0.066$	$R^2=0.083$	$R^2=0.084$

注：**表示 $p<0.05$。

第五章　个体层面的成功老龄化：老年人的社会参与

第一节　老年人社会参与状况的现状

一、社区活动参与的样本概况

表1显示的老年人社区活动参与的情况，结果显示，老人在“参加过社区治安巡逻”方面，参与过的占比2.3%，没参与过的占比97.7%；老人在“参加过照料其他老人(如帮助购物、起居照料等)”方面，参与过的占比1.1%，没参与过的占比98.9%；老人在“参加过环境卫生保护”方面，参与过的占比2.5%，没参与过的占比97.5%；老人在“参加过调解纠纷”方面，参与过的占比1.6%，没参与过的占比98.4%；老人在“参加过陪同聊天”方面，参与过的占比4.1%，没参与过的占比95.9%；老人在“参加过需要专业技术的志愿服务(如义诊)”方面，参与过的占比0.7%，没参与过的占比99.3%；老人在“参加过帮助照看其他人家的小孩”方面，参与过的占比1.8%，没参与过的占比98.2%。

在D18-1至D18-5中五个指标中：指标“您是否参加过陪同聊天”平均值最高(0.0456)，指标“您是否参加过环境卫生保护”其次(0.0321)，指标“您是否参加过照料其他老人”最低(0.0133)；指标“您是否参加过陪同聊天”标准差最高(0.19867)，指标“您是否参加过环境卫生保护”其次(0.15731)，指标“您是否参加过照料其他老人”最低(0.10426)。指标“您是否参加过陪同聊天”平均值和标准差均最高，说明老年人在“您是否参加过陪同聊天”方面水平相对较好，但差异很大。

通过这些数据，可以看出老年人社区活动参与各项指标都存在未参与过的情况远大于参与过的趋势，说明老年人的社区活动参与水平较低，老年人并未能较好的参与到现有的社区活动当中。其中，参与情况最好的是“是否参与过陪同聊天”，占比为4.1%。这可能与社区开展老年活动过程中，陪同老人聊天容易展开有关。此项活动在实际生活中较容易实施，相较于其他项目有更好的操作性。参与情况最低的是“是否参加过需要专业技术的志愿服务(如义诊)”，占比为0.7%。在所有7项活动中，此项活动所需要的技术门槛最高，在开展的过程中面临着人力物力上的投入问题。受此影响，此项活动的参与情况最低。

表1　　社区活动参与每个指标选项的百分比(N=11469)(单位:%)

	0分	1分	平均值	标准差
D18-1 在过去三个月内，您是否参加过社区治安巡逻	97.7	2.3	0.0212	0.15113
D18-2 在过去三个月内，您是否参加过照料其他老人(如帮助购物、起居照料等)	98.9	1.1	0.0133	0.10426
D18-3 在过去三个月内，您是否参加过环境卫生保护	97.5	2.5	0.0321	0.15731
D18-4 在过去三个月内，您是否参加过调解纠纷	98.4	1.6	0.0218	0.12512
D18-5 在过去三个月内，您是否参加过陪同聊天	95.9	4.1	0.0456	0.19867

注：在D18-1至D18-5中，0分表示“否”，1分表示“是”，具体赋值详见第二章。

二、媒体使用情况的样本概况

表2显示的是老年人媒体使用情况，结果显示：老人在“使用报纸”方面，从不使用的占比68.1%，很少使用占比14.8%，有时使用占比9.8%，经常使用占比6%，总是使用占比1.2%。老人在“使用杂志”方面，从不使用的占比81.5%，很少使用占比12.7%，有时使用占比4.4%，经常使用占比1.1%，总是使用占比0.2%。老人在“使用广播”方面，从不使用的占比69.2%，很少使用占比13.6%，有时使用占比11.6%，经常使用占比4.3%，总是使用占比1.2%。老人在“使用电视”方面，从不使用的占比3.5%，很少使用占比6.7%，有时使用占比19.8%，经常使用占比45.2%，总是使用占比24.8%。老人在“使用互联网”方面，从不使用的占比84.4%，很少使用占比5.6%，有时使用占比4.5%，经常使

用占比 3.8%，总是使用占比 1.7%。老人在“使用手机定制消息”方面，从不使用的占比 91.4%，很少使用占比 5.4%，有时使用占比 2.4%，经常使用占比 0.6%，总是使用占比 0.2%。

在 D22-1 至 D22-6 六个指标中：指标“您使用电视的情况”平均值最高(3.8154)，指标“您使用报纸的情况”其次(1.5723)，指标“您使用手机定制消息的情况”最低(1.1382)；指标“您使用电视的情况”标准差最高(0.99878)，指标“您使用报纸的情况”其次(0.97421)，指标“您使用手机定制消息的情况”最低(0.46551)。指标“您使用电视的情况”平均值最低且标准差最高，说明老年人在“您使用电视的情况”方面水平相对较好，但差异很大。

通过这些数据可以看出，老年人从不使用的媒体方式占比中最高的是“互联网”和“手机定制消息”，占比为“91.4%”和“84.4%”。在所有的媒体使用方式中，互联网和手机的使用对老人来说存在一定的困难。相比于其他传统的电视、广播、报纸等方式，手机和互联网的使用需要一定的技术、学历及接受新事物的能力。由此可以看出，老年人在使用互联网和手机媒体的情况上并不可观。使用频率最高的媒体是电视，“总是”使用占比最高，为 24.8%，且频率分布更加平均，“经常”和“总是”使用的占比超过半数。这说明，老年人使用媒体的主要方式仍较为传统，电视是老年人最容易且最常接触的媒体方式，老年人的媒体使用途径仍比较单一。就“从不使用”情况来看存在“分水岭”现象，以电视使用为界，报纸、杂志、广播、互联网、手机定制消息都存在高频率的“从不使用”情况。一方面，传统报纸、杂志、广播方式与电视相比内容更单一，互联网与手机定制消息的使用又存在一定的使用困难，因此，电视仍是老年人最青睐的媒体使用方式。

表 2　　　**媒体使用情况每个指标选项的百分比(N=11469)(单位:%)**

	0 分	1 分	2 分	3 分	4 分	平均值	标准差
D22-1 过去的三个月，您使用报纸的情况是	68.1	14.8	9.8	6	1.2	1.5723	0.97421
D22-2 过去的三个月，您使用杂志的情况是	81.5	12.7	4.4	1.1	0.2	1.2634	0.61354

续表

	0分	1分	2分	3分	4分	平均值	标准差
D22-3 过去的三个月，您使用广播的情况是	69.2	13.6	11.6	4.3	1.2	1.5589	0.94264
D22-4 过去的三个月，您使用电视的情况是	3.5	6.7	19.8	45.2	24.8	3.8154	0.99878
D22-5 过去的三个月，您使用互联网的情况是	84.4	5.6	4.5	3.8	1.7	1.3375	0.86591
D22-6 过去的三个月，您使用手机定制消息的情况是	91.4	5.4	2.4	0.6	0.2	1.1382	0.46551

注：在 D22-1 至 D22-6 中，0 分表示“从不”，1 分表示“很少”，2 分表示“有时”，3 分表示“经常”，4 分表示“总是”，具体赋值详见第二章。

第二节　老年人社会参与状况的交互分析

一、老年人社会参与得分的城乡差异

1. 分析结果

表 3 中，根据受访者居住的地区类型，将居住在市/县城的中心地区、市/县城的边缘地区、市/县城的城农村结合部三类地区的居民划分为“城”居民；将居住在市/县城区以外的镇的居民划分为“镇”居民；将居住在农村和其他地区的居民划分为“农村”居民。表 3 显示，第一，“城”“镇”“农村”三个地区的老年人在社区活动参与方面的得分均较低，分别为 0.17 分 0.19 分、0.10 分；第二，媒体使用情况相比于社区活动参与而言平均得分较高。“城”的老年人媒体使用情况得分为 5.55 分，“镇”的老年人媒体使用情况得分为 4.23 分，“农村”的老年人媒体使用情况得分为 3.54 分。但考虑到媒体使用情况的值域在 0~24 分，因此，3~5 分的均值得分仍处于较低水平；第三，老年人媒体使用得分和社会参与总体得分两项都存在由城到农村递减的趋势。“城”老年人媒体使用情况得分为 5.55，“镇”老年人媒体使用情况得分为 4.23，“农村”老年人媒体使用情况得分为

3.54；“城”老年人社会参与总体得分为5.72，“镇”老年人社会参与总体得分为4.42，“农村”老年人社会参与总体得分为3.64。

2. 对结果的解释

就社区活动参与情况来看，老年人社区活动参与的地域差异并不明显。由于老年人身体机能的丧失，其对于相当一部分活动无法参与或难以参与。从这方面来看，城市老人相比于农村老人的优势并不大。一方面，城市地区享有经济方面的优势，社区服务较为完善，社区活动参与的方式比乡村地区更加丰富。另一方面，城市现代社区的居住方式使得邻里间联系弱于乡镇地区。“镇”相比于“城”具有邻里关系上的优势，“镇”相比“农村”也具有经济服务上的优势，因此，在社区活动参与方面反而处于最高水平。媒体使用情况方面，受到城、镇、农村在经济发展水平上存在区域差异，对于媒体的使用得分与经济发展水平呈相同趋势。城市老人更加容易获得互联网、手机这些新媒体使用方式。同时，媒体使用情况得分差异较大，“城”与“农村”的平均得分差异达到2.01分。地域间的媒体使用情况得分差异大于社区活动参与的差异，因此，社区加媒体的总和仍保持“城”“镇”“农村”递减的趋势。

表3　**老年人社会参与得分的城乡差异(N=11418)**

	城	镇	农村
社区活动参与得分	0.17	0.19	0.10
媒体使用得分	5.55	4.23	3.54
社会参与总分	5.72	4.42	3.64

二、老年人社会参与得分的年龄差异

1. 分析结果

表4中，根据受访者的出生年月，将其分为“60~69岁”“70~79岁”“80岁及以上”三类。从表中数据来看，第一，三项得分的最高项均在“60~69岁”这一年

龄阶段的群体中，“60~69 岁”社区活动参与得分：0.17 分、60~69 岁”媒体使用情况得分：4.97 分、“60~69 岁”社区加媒体的总和得分为 5.14 分。第二，三项得分的总趋势与年龄成反比。即年龄越大，三项指标得分越低。第三，“60~69 岁”与“80 岁及以上”老人社区活动参与得分差异小于“60~69 岁”与“80 岁及以上”老人媒体使用情况得分差异。其差异为：“0.08 分”和“0.96 分”。三项指标的得分趋势均保持随年龄增长递减的趋势。

2. 对结果的解释

无论是社区活动的参与还是媒体使用，都需要参与者具有一定的健康资本，老年人身体机能随着年龄的增长而下降，因此，社会活动的参与范围与方式逐渐受限。随着年龄的增长，接受新事物的能力也逐渐下降。因此，可能存在老年人参与社会的能力不足。社区活动的参与，需要参与者具备一定的室外和室内活动能力，而这一能力在年龄上的差异会随着年龄的划分出现较大区别。对于媒体的使用，对老年人身体机能的要求相对较低。各种多媒体方式的使用均可以在家中获得，因此各阶段老人在年龄上的差异相对较小，从而使得媒体使用情况的年龄差异较小。和“80 岁及以上”老人相比，“60~69 岁”老人除了具有年龄上的优势，其子女也更加年轻，因此具备一定的教导和引导家中老人接触新媒体和社区活动的能力与机会。“80 岁及以上”老人的子女年龄相对较大，自我本身可能就存在社会参与上面的困难，因此对于家中的长辈在参与社会上的帮助相对较少。

表 4　　**老年人社会参与得分的年龄差异**

	60~69 岁	70~79 岁	80 岁及以上
社区活动参与得分	0.17	0.11	0.09
媒体使用得分	4.97	4.38	4.01
社会参与总分	5.14	4.50	4.10

三、老年人社会参与得分的性别差异

1. 分析结果

表 5 中，依据受访者性别将其分为“男”“女”两类。首先，从表 5 可以看到，

男性老年人的三项得分均高于女性得分。男性老人社区活动参与得分为 0.15 分，女性老人社区活动参与得分为 0.13 分。男性老人媒体使用情况得分为 4.89 分，女性老人媒体使用情况得分为 4.40 分。男性老人社会参与总体得分为 5.04 分，女性老人社会参与总体得分为 4.53 分。另外，男性老人与女性老人在媒体使用情况上的差异为 0.49 分，大于双方在社区活动参与上的差异，其差异为 0.02 分。

2. 对结果的解释

“男人赚钱养家女人操持家务”的传统观点长久的存在于中国社会的方方面面。受到这种家庭模式的影响，相当一部分女性在年轻阶段长期从事家庭事务工作，相比于男性，女性接触社会的机会处于劣势地位（栾文敬、韩福源，2015），这在一定程度上也不利于女性在老年阶段的社会活动参与。另外，在当前的老年人的青少年时期，中国社会还存在着严重的重男轻女观念，在当时的中国相当大一部分女性适龄儿童无法享有与男性适龄儿童平等的教育机会。因此，在老年阶段，老年群体存在受教育程度上的性别差异，因而在晚年时期男性老年人比女性老年人更具有一系列的优势，这直接导致了女性老人在参与社会活动和接受新媒体的能力上要弱于男性老人。

表 5　　**老年人社会参与得分的性别差异**

	男	女
社区活动参与得分	0.15	0.13
媒体使用得分	4.89	4.40
社会参与总分	5.04	4.53

四、老年人社会参与得分的婚姻状况差异

1. 分析结果

表 6 中，将老年人的婚姻状况分为“已婚有配偶”“丧偶”“离婚”“未婚”四

类。表6数据分析结果显示，老年人在社区参与得分上体现出明显的婚姻状况上的差异。首先，社区活动参与得分最高的是“离婚”老人0.16分，其次是“已婚有配偶”老人0.15分，最低分为“丧偶”老人0.11分。媒体使用情况得分最高分是“离婚”老人4.94分，“已婚有配偶”老人4.91分，最低分是“丧偶”老人得分3.48分。社会参与总体得分最高为“离婚”老人5.10分，“已婚有配偶”老人5.07分，“未婚”老人3.60分最低。其次，老年人在媒体使用情况上的婚姻状况差异较大，达到了1.46分，大于老年人在社区活动参与上的婚姻状况差异0.05分。

2. 对结果的解释

以上分析结果表明，“已婚有配偶”老人和“离婚”老人的社会参与状况优于“丧偶”老人与“未婚”老人。“已婚有配偶”老人的家庭结构相对完整，无论生理与心理都由于有配偶的陪伴而相对而言更好，因而对于参与社会活动有更积极的心态，夫妻间的互相协助也有助于双方更好地融入社区活动中。“离婚”老人虽然处于缺损的家庭结构当中，但能够用于参与社会活动的时间与机会更多。处于离婚状态的老人在年龄上也具有相对优势，更加年轻的身心也更加有助于接纳社会活动。同时，“离婚”老人也在一定程度上存在与他人交往的心理需要，广泛的社会参与有助于这种需求的满足(丁志宏，2012)。从“丧偶”老人的情况来看，这一群体在寻求陪伴的需求方面与离婚老人相同，虽然也生活在缺损的家庭结构中，但与“离婚”老人进行的主动选择行为不同，因而“丧偶”老人在心理上要承受更大的压力，其参与社会活动的意愿相对而言相对较弱。

社区活动的参与与老年人身体状况的联系更加密切，因此具有一定年龄优势的“离婚”老人的社区活动参与状况更好。另一方面，媒体使用情况对于老年人身体状况的要求较低，且电视、广播、报纸等传统媒体方式的获得更加容易，因此，不同婚姻状况的老人间差异性更大。此外，“未婚”老人自身经济状况可能处于劣势，且未婚的状况也得不到配偶和其他家庭成员的经济支持。因此，经济上的劣势与家庭结构的不完整性使其居住方式可能并不固定，也不利于社区对其进行有针对性的帮助。

表 6　　老年人社会参与得分的婚姻状况差异

	已婚有配偶	丧偶	离婚	未婚
社区活动参与得分	0.15	0.11	0.16	0.12
媒体使用得分	4.91	3.99	4.94	3.48
社会参与总分	5.07	4.09	5.10	3.60

五、老年人社会参与得分的受教育程度差异

1. 分析结果

表 7 中，将不识字、私塾/扫盲班、小学这三类合并为“小学及以下”类别，“初中”类别不变，高中/中专、大专及以上这两类合并为“高中及以上”类别。表 7 结果显示，老年人在社会参与得分上体现出明显的受教育程度上的差异，具体表现为：第一，在总体上，三项得分均保持得分与学历成正比的趋势，即学历越高得分越高。“小学及以下”老人社区活动参与得分最低 0.12 分，“高中及以上”老人最高 0.19 分。“小学及以下”老人媒体使用情况得分最低 4.04 分，“高中及以上”老人最高 7.13 分。“小学及以下”老人社会参与总体得分最低 4.16 分，“高中及以上”老人最高 7.32 分。第二，三项得分在不同受教育程度上的差异分布较为均衡，“初中”学历老人与“小学及以下”学历老人在三项得分上的差值与“初中”学历老年人与“高中及以上”学历老人的差值没有明显差异。

2. 对结果的解释

上述结果说明：受教育程度程度对老年人的社会参与程度有正向作用。接受过更高程度教育的老年人在面对社区服务活动时，具有更高的学习能力与意愿。越是接受过系统教育的老人，越是重视其晚年生活的生活质量，因此更愿意参与到各种社会活动当中(李宗华、高功敬，2009)。同时，受教育程度高的老年人更可能具有较好的经济生活条件，因此更有可能接触水平较高的社区服务。

表 7　　老年人社会参与得分的受教育程度差异

	小学及以下	初中	高中及以上
社区活动参与得分	0.12	0.15	0.19
媒体使用得分	4.04	5.88	7.13
社会参与总分	4.16	6.03	7.32

六、老年人社会参与得分的经济状况差异

1. 分析结果

表 8 中，根据老年人总收入的具体数值将其划分为 5 类：“0～1999 元”“2000～9999 元”“10000～59999 元”“30000～59999 元”“60000 元及以上”。表 8 结果显示，老年人在社会参与得分上体现出明显的经济状况上的差异，具体表现为：第一，在三项得分上都大体呈现与经济水平成正比的趋势，即经济水平越高社会参与程度越高。第二，总收入“30000～59999 元”的老人在媒体使用情况方面的得分最高，为 6.25 分，高于“60000 元及以上”老人的 6.23 分。

2. 对结果的解释

上述结果说明：老年人的社会参与与其自身经济水平直接相关，越高的经济水平越有助于老人参与社会活动。受到经济条件影响，老年人的居住环境可能存在差异，越是经济能力强的老人越是有可能居住在服务较为完善的社区，所以越是可能享受更加丰富和完善的社区服务。媒体使用情况方面，得分总体趋势保持与经济状况同向增长的趋势，但在“30000～59999 元”到“60000 元”这一阶段出现了少许的减少，这可能是由于收入超过 60000 元这一阶段以后，经济的增长对老年人使用媒体的促进作用不在明显。拥有更好经济条件的老人有能力培养并从事其他兴趣爱好，以其他的方式参与社会活动。

表 8　　　　　　　　　　**老年人社会参与的经济状况差异**

	0~1999 元	2000~9999 元	10000~59999 元	30000~59999元	60000 元及以上
社区活动参与得分	0.08	0.12	0.18	0.18	0.24
媒体使用得分	3.27	3.99	4.61	6.25	6.23
社会参与总分	3.36	4.11	4.79	6.43	6.47

七、老年人社会参与得分的健在子女数量差异

1. 分析结果

表 9 中，根据老年人健在子女的数量将其分为“0 个”“1 个”“2 个”“3 个及以上”四类。表 9 数据分析结果显示：首先，就社区活动参与来看，老年人拥有的健在子女数量与其参与社区活动的情况大致成反比。拥有“0 个”和“1 个”健在子女的老人平均得分为 0.18 分，比拥有“3 个及以上”健在子女的老人的 0.12 分高 0.06 分。其次，媒体使用情况也保持类似趋势。拥有“1 个”健在子女的老人得分最高 5.76 分，比拥有“3 个及以上”健在子女的老人的 4.02 分高 1.74 分。在三个类别的得分上，都是在健在子女数量为“1 个”时达到最大值，之后健在子女数量上升则平均得分呈现下降趋势。

2. 对结果的解释

上述结果说明：拥有“1 个”健在子女的老人的社会参与情况最好，健在子女过多以及没有健在子女都不利于老人融入社会。无子女老人相比于其他老人，在日常生活上得不到子女们的帮助，经济上也缺乏支持，这意味着这一老年群体无法从子女的角度得到陪伴与关爱，所以寻求社区活动及社交媒体的方式可以满足老人的心理需要，因此其社会参与得分相对较高。而健在子女数量较多的老人，其晚年可能需要花更多的精力用于帮助照看孙子孙女；另外，更大的家庭规模和更多的家庭成员之间的相互交流，使得老人在家庭内部即可在较大程度上满足其心理认同与慰藉需求，这在一定程度上减少了老年人社会参与的意愿。

表 9　　老年人社会参与的健在子女数量差异(N=11188)

	0 个	1 个	2 个	3 个及以上
社区活动参与得分	0.18	0.18	0.14	0.12
媒体使用得分	5.18	5.76	4.86	4.02
社会参与总分	5.36	5.94	5.00	4.14

第三节　老年人社会参与状况的影响因素分析

本节主要对老年人社会参与状况的影响因素进行了分析，即将社区活动参与得分，媒体使用得分和二者得分之和分别作为因变量，运用多元线性回归模型，考察老年人的人口学特征对三个得分的影响状况。

一、老年人社区活动参与的影响因素分析

1. 模型 1

在表 10 中，模型 1 纳入了以下个体层面人口学影响因素因素：城乡类型(农村为参照组)、年龄(80 岁及以上为参照组)、性别(女性为参照组)、婚姻状况(未婚为参照组)、受教育程度(小学及以下为参照组)。表 10 展示的是各影响因素的标准化回归系数。表 10 模型 1 分析结果显示："城""镇""年龄 60 到 69 岁"等影响因素通过了 $p<0.05$ 的显著性检验，说明在控制了以上影响因素以后，城市和镇的老年人相比农村老年人社区活动参与状况更好；年龄"60 到 69 岁"老人相比"80 岁及以上"老人社区活动参与状况更好。从标准化回归系数的绝对值来看，城乡类型这一因素的影响力最大，标准化回归系数为 0.076。居住地区越远离城市，老年人社区活动参与得分越低。

2. 模型 2

表 10 模型 2 在模型 1 的基础上加入了"经济状况"因素(0 元到 1999 元为参照组)。从模型 2 可以发现"城""镇""年龄 60 到 69 岁""10000 到 29999 元"

“30000 到 59999 元”“60000 元及以上”等变量通过了 $p<0.05$ 的显著性检验，说明在控制了“经济状况”影响因素之后，其他因素的显著性并无明显变化。在加入了“经济状况”变量后，收入对老年人的社区活动参与状况产生了显著影响，但是并没有削弱其他因素对老年人社区活动参与的影响力。不同城乡类型和年龄的老人在社区活动参与上的优势并不受经济状况改变的影响。

同时，在控制了“经济状况”影响因素之后，变量“城”的标准化回归系数绝对值变小了 0.022，“镇”的标准化回归系数绝对值变小了 0.004，“60 到 69 岁”的标准化回归系数绝对值变小了 0.002。上述结果说明，在加入了“经济状况”变量之后，在模型 1 和模型 2 中都通过了显著性检验的变量中，所有变量对老年人社区活动参与的影响力都在减弱，这表示“经济状况”对老年人是否参与社区活动有较大影响，在此作用影响下，其他因素对老年人是否参与社区活动的影响会略微降低。

3. 模型 3

表格 10 中模型 3 是全模型，模型 3 在模型 2 的基础上加入了“健在子女数量”因素(0 个健在子女为参照组)。从模型 3 可以发现：“城”“镇”“2000 到 9999 元”“10000 到 29999 元”“30000 到 59999 元”“60000 元及以上”等变量通过了 $p<0.05$ 的显著性检验，根据标准化回归系数的绝对值可以看出，影响力较大的是“城”(0.053)，之后依次是“60000 元及以上”(0.049)、“10000 到 29999 元”(0.048)和“30000 到 59999 元”(0.045)。

模型 3 的分析结果说明，在控制了“健在子女数量”这一影响因素之后，变量“60 到 69 岁”“2000 到 9999 元”由显著变为了不显著。同时，变量“城”的标准化回归系数绝对值变小了 0.001，“30000 到 59999 元”的标准化回归系数绝对值变小了 0.001。上述结果说明：控制了健在子女数量后，老年人的城乡类别和收入对社区活动参与的影响减弱了。

模型 1 到模型 3，R 方大致呈上升趋势，其中模型 1 到模型 2 的 R 方变化幅度较大，增加了 0.3%，模型 2 到模型 3 的 R 方变化幅度很小，且是减少了 0.1%，模型 2 的整体解释力是最高的，为 1.4%。上述结果说明：经济状况能够增加多元回归模型对老年人社区参与解释的说服力，收入对老年人社区参与状况有较大的影响作用。同时，“健在子女数量”对老年人社区参与状况的影响作用比较小。上述结果说明：从整体上看，老年人的个人特征对社区活动参与的解释力较弱，只能解释不到2%的因素。

表10　　　　老年人社区活动参与影响因素的多元回归模型

	模型1	模型2	模型3
城	0.076**	0.054**	0.053**
镇	0.040**	0.036**	0.036**
农村(参照组)			
年龄60到69岁	0.070**	0.072**	0.069
年龄70到79岁	0.016	0.018	0.017
年龄80岁及以上(参照组)			
男	0.017	0.014	0.014
女(参照组)			
已婚有配偶	0.021	0.015	0.06
丧偶	0.001	0.001	0.043
离婚	0.003	0.002	0.009
未婚(参照组)			
初中	-0.015	-0.018	-0.019
高中及以上	0.008	0.002	0.001
小学及以下(参照组)			
2000到9999元		0.020	0.020**
10000到29999元		0.048**	0.048**
30000到59999元		0.046**	0.045**
60000及以上		0.049**	0.049**
0到1999元(参照组)			
1个子女			-0.028
2个子女			-0.056
3个及以上子女			-0.054
0个健在子女(参照组)			
	$R^2=0.011$	$R^2=0.014$	$R^2=0.013$

注：**表示 $p<0.05$。

二、老年人媒体使用情况的影响因素分析

1. 模型 1

在表 11 中，模型 1 纳入了以下个体层面人口学影响因素因素：城乡类型(农村为参照组)、年龄(以 80 岁及以上为参照组)、性别(以女性为参照组)、婚姻状况(以未婚为参照组)；受教育程度，以小学及以下为参照组。表 11 展示的是各影响因素的标准化回归系数，模型 1 分析结果显示："城""镇""年龄 60 到 69 岁""年龄 70 到 79 岁""男""已婚有配偶"等影响因素通过了 $p<0.05$ 的显著性检验，说明在控制了以上影响因素以后，城市和镇的老年人相比农村老年人媒体使用情况更好；年龄"60 到 69 岁"及"70 到 79 岁"老人相比年龄"80 岁及以上"老人媒体使用情况更好；男性老人相比女性老人媒体使用情况更好；"已婚有配偶"老人相比"未婚"老人媒体使用情况更好。从标准化回归系数的绝对值来看：城乡类型和婚姻状况因素的影响力最大；居住地区越远离城市，老年人媒体使用情况越差；婚姻状况对老年人媒体使用情况的影响力从"已婚有配偶""丧偶""离婚"逐渐下降。

2. 模型 2

表 11 模型 2 在模型 1 的基础上加入了"经济状况"因素(0 元到 1999 元为参照组)。从模型 2 可以发现："城""镇""年龄 60 到 69 岁""70 到 79 岁""男""已婚有配偶""初中""高中及以上""30000 到 59999 元""60000 元及以上"等变量通过了 $p<0.05$ 的显著性检验，在控制了"经济状况"影响因素之后，"初中""高中及以上"变量由不显著变为了显著。该结果说明：在加入了"经济状况"变量之后，收入对老年人的媒体使用情况产生了较强的显著影响，同时增强了高学历对老年人媒体使用情况的影响力。经济状况影响着老年人使用媒体的条件与方式，一方面，越好的经济水平代表着老年人越有时间和精力去使用媒体进行社会参与；另一方面，越好的经济水平代表着老年人越有能力去接触更多样的媒体形式。

同时，在控制了"经济状况"影响因素之后，变量"城"的标准化回归系数绝

对值变小了0.061，“镇”的标准化回归系数绝对值变小了0.01，“男”的标准化回归系数绝对值变小了0.013，“已婚有配偶”的标准化回归系数绝对值变小了0.011，“60到69岁”的标准化回归系数绝对值变大了0.016，“70到79岁”的标准化回归系数绝对值变大了0.008。上述结果说明，在加入了“经济状况”变量之后，在模型1和模型2中都通过了显著性检验的变量中，除了变量“60到69岁”和“70到79岁”对老年人媒体使用情况影响力增强了之外，其他变量对老年人媒体使用情况的影响力都在减弱，这表示“经济状况”对老年人是否有能力能更多的使用媒体有着较大影响，在这个强烈影响的作用下，其他因素对老年人媒体使用的影响有增强也有削弱。

3. 模型3

表格11模型3是全模型，模型3在模型2的基础上加入了“健在子女数量”因素(0个健在子女为参照组)。从模型3可以发现：除了“2000到9999元”“10000到29999元”“1个子女”三个变量外，其它变量都通过了 $p<0.05$ 的显著性检验。在控制了“健在子女数量”影响因素之后，变量“丧偶”“离婚”由不显著变为了显著。同时，在控制了“健在子女数量”影响因素之后，变量“城”的标准化回归系数绝对值变小了0.012，变量“镇”的标准化回归系数绝对值变小了0.003，变量“60到69岁”的标准化回归系数绝对值变小了0.029，变量“70到79岁”的标准化回归系数绝对值变小了0.007，变量“男”的标准化回归系数绝对值变小了0.002，变量“初中”的标准化回归系数绝对值变小了0.007，变量“高中及以上”的标准化回归系数绝对值变小了0.007，变量“30000到59999元”的标准化回归系数绝对值变小了0.009，变量“60000及以上”的标准化回归系数绝对值变小了0.004，变量“已婚有配偶”的标准化回归系数绝对值变大了0.101，变量“丧偶”的标准化回归系数绝对值变大了0.101。

模型1到模型3，R方呈上升趋势，其中模型1到模型2的R方变化幅度较大(增加了2.8%)，模型2到模型3的R方变化幅度很小(增加了0.7%)，将所有变量都纳入后，整体上对老年人媒体使用情况的解释力是最高的，达到19.8%。上述结果说明：“经济状况”能够加大多元回归模型对老年人媒体使用情况的解释力，收入确实对老年人媒体使用状况有较大的影响作用。同时，“健在子女数量”对老年人媒体使用状况的影响作用比较小。

表 11　　　　　　　**老年人媒体使用情况影响因素的多元回归模型**

	模型 1	模型 2	模型 3
城	0. 293**	0. 232**	0. 220**
镇	0. 044**	0. 034**	0. 031**
农村(参照组)			
年龄 60 到 69 岁	0. 099**	0. 115**	0. 086**
年龄 70 到 79 岁	0. 039**	0. 047**	0. 040**
年龄 80 岁及以上(参照组)			
男	0. 066**	0. 053**	0. 051**
女(参照组)			
已婚有配偶	0. 132**	0. 121**	0. 222**
丧偶	0. 057	0. 055	0. 156**
离婚	0. 015	0. 012	0. 027**
未婚(参照组)			
初中	0. 098	0. 093**	0. 086**
高中及以上	0. 155	0. 13**	0. 123**
小学及以下(参照组)			
2000 到 9999 元		−0. 001	0. 001
10000 到 29999 元		0. 002	0. 001
30000 到 59999 元		0. 166**	0. 157**
60000 及以上		0. 093**	0. 089**
0 到 1999 元(参照组)			
1 个子女			−0. 035
2 个子女			−0. 097**
3 个及以上子女			−0. 157**
0 个健在子女(参照组)			
	R^2=0. 163	R^2=0. 191	R^2=0. 198

注：**表示 $p<0.05$。

三、老年人社会参与整体的影响因素分析

1. 模型 1

在表 12 中，模型 1 纳入了以下个体层面人口学影响因素因素：城乡类型(农村为参照组)、年龄(以 80 岁及以上为参照组)、性别(以女性为参照组)、婚姻状况(以未婚为参照组)；受教育程度，以小学及以下为参照组。表 12 展示的是各影响因素的标准化回归系数，模型 1 分析结果显示："城""镇""60 到 69 岁""70 到 79 岁""男""已婚有配偶""初中""高中及以上"通过了 $p<0.05$ 的显著性检验，根据标准化回归系数的绝对值可以看出，影响力较大的是"城"(0.292)，其次是"高中及以上"(0.150)。

2. 模型 2

表 12 模型 2 在模型 1 的基础上加入了"经济状况"因素(0 元到 1999 元为参照组)。从模型 2 可以发现："城""镇""60 到 69 岁""70 到 79 岁""男""已婚有配偶""初中""高中及以上""30000 到 59999 元""60000 元及以上"等变量通过了 $p<0.05$ 的显著性检验。在控制了"经济状况"影响因素之后，变量"城"的标准化回归系数绝对值变小了 0.061，变量"镇"的标准化回归系数绝对值变小了 0.011，变量"男"的标准化回归系数绝对值变小了 0.013，变量"已婚有配偶"的标准化回归系数绝对值变小了 0.012，变量"初中"的标准化回归系数绝对值变小了 0.006，变量"高中及以上"的标准化回归系数绝对值变小了 0.025，变量"60 到 69 岁"的回归系数绝对值变大了 0.015，变量"70 到 79 岁"的标准化回归系数绝对值变大了 0.008。上述结果说明，在加入了"经济状况"变量之后，在模型 1 和模型 2 中都通过了显著性检验的变量中，除了变量"60 到 69 岁"和"70 到 79 岁"对老年人社会参与的影响力有所提升以外，其他因素的影响力都有所下降。

3. 模型 3

表格 12 中模型 3 是全模型，模型 3 在模型 2 的基础上加入了"健在子女数量"因素(0 个健在子女为参照组)。从模型 3 可以发现，除了"2000 到 9999 元"

“10000 到 29999 元”“1 个子女”三个变量以外，其他因素均通过了 $p<0.05$ 的显著性检验，在控制了“健在子女数量”影响因素之后，变量“丧偶”“离婚”由不显著变为了显著。同时，在控制了“健在子女数量”影响因素之后，以下几个因素的变化较大。变量“城”的标准化回归系数绝对值变小了 0.012，变量“60 到 69 岁”的标准化回归系数绝对值变小了 0.027，变量“已婚有配偶”的标准化回归系数绝对值变大了 0.104，变量“丧偶”的标准化回归系数绝对值变小了 0.104。

模型 1 到模型 3，R 方呈上升趋势，其中模型 1 到模型 2 的 R 方变化幅度较大(增加了 2.7%)，模型 2 到模型 3 的 R 方变化幅度很小(增加了 0.7%)，将所有变量都纳入后，整体上对老年人社会参与整体状况的解释力是最高的，达到 19.4%。上述结果说明：“经济状况”能够加大多元回归模型对老年人社会参与整体状况的解释力，收入确实对老年人社会参与整体状况有较大的影响作用。同时，“健在子女数量”对老年人社会参与情况的影响作用比较小。

表 12　　**老年人社会参与整体影响因素的多元回归模型**

	模型 1	模型 2	模型 3
城	0.292**	0.231**	0.219**
镇	0.049**	0.038**	0.036**
农村(参照组)			
年龄 60 到 69 岁	0.106**	0.121**	0.094**
年龄 70 到 79 岁	0.040**	0.048**	0.041**
年龄 80 岁及以上(参照组)			
男	0.066**	0.053**	0.051**
女(参照组)			
已婚有配偶	0.130**	0.118**	0.222**
丧偶	0.055	0.052	0.156**
离婚	0.015	0.012	0.028**
未婚(参照组)			
初中	0.092**	0.086**	0.079**
高中及以上	0.150**	0.125**	0.118**

续表

	模型 1	模型 2	模型 3
小学及以下(参照组)			
2000 到 9999 元		0. 002	0. 003
10000 到 29999 元		0. 009	0. 009
30000 到 59999 元		0. 166 **	0. 157 **
60000 及以上		0. 096 **	0. 093 **
0 到 1999 元(参照组)			
1 个子女			-0. 038
2 个子女			-0. 102 **
3 个及以上子女			-0. 159 **
0 个健在子女(参照组)			
	R^2 = 0. 160	R^2 = 0. 187	R^2 = 0. 194

注：**表示 $p<0.05$。

第六章　地区层面的成功老龄化：老年人的身体健康

第一节　地区层面老年人身体健康状况概况

一、地区层面老年人 ADL 得分与人口学特征的交互分析

2016 年 CLASS 调查，涉及了中国 28 个省/市/自治区，地区层面的数据构建都是基于这 28 个地区，分别计算每个地区 ADL 的平均得分，后文如没有特别说明，都是指的地区平均得分，不再赘述。

1. 地区层面老年人 ADL 得分的城乡差异

表 1 显示的是地区层面老年人 ADL 得分的城乡差异，结果显示：从总体上看，得分最高的是广西"城市"老年人的 ADL 得分，为 21.96552，得分最低的是陕西"镇"老年人的 ADL 得分，为 18.0000 分，二者之差为 3.96552 分；分类别来看，在城市这一类别，得分最高的是广西(21.96552)，得分最低的是河北(19.40816)，二者之差为 2.55736；在镇这一类别，得分最高的是福建(21.84615)，得分最低的是陕西(18.00000)；二者之差为 3.84615；在农村这一类别，得分最高的是福建(21.79208)，得分最低的是河北(19.19095)，二者之差为 2.60113。上述结果说明在镇这个类别上地区之间 ADL 得分的差异最大。

表 1　　地区层面老年人 ADL 得分的城乡差异

	城	镇	农村
安徽	21.06000	21.66667	21.47883
北京	21.49802	21.22000	—
福建	21.53933	21.84615	21.79208
甘肃	21.92000	21.28000	21.24000
广东	21.65285	20.50000	21.29730
广西	21.96552	21.00000	21.68924
贵州	21.72067	21.00000	21.62963
河北	19.40816	—	19.19095
河南	21.10194	20.89041	20.57669
黑龙江	21.74476	21.00000	21.63696
湖北	21.48742	21.66667	20.74721
湖南	21.48052	—	21.29719
吉林	21.05645	21.37500	20.89427
江苏	21.55882	21.81481	20.98734
江西	21.76037	21.54688	20.51802
辽宁	21.08286	21.00000	21.64444
内蒙古	21.00000	—	21.62667
宁夏	21.10417	—	20.60784
青海	21.36486	—	21.72000
山东	20.81639	21.33333	20.93103
山西	21.02890	21.46154	20.47059
陕西	20.85593	18.00000	20.59041
上海	20.92754	—	—
四川	21.31788	21.72000	21.21687
天津	21.47118	—	—
云南	20.87931	20.26000	20.37457
浙江	21.78515	—	21.68687
重庆	20.92000	20.60000	21.08955

注："—"为缺失值。

2. 地区层面老年人 ADL 得分的年龄差异

表 2 显示的是地区层面老年人 ADL 得分的年龄差异，结果显示：从总体上看，得分最高的是贵州 60~69 岁老年人的 ADL 得分，为 21.96774，得分最低的是河北 80 岁及以上老年人的 ADL 得分，为 14.96667 分，二者之差为 7.00107 分；分类别来看，在 60~69 岁这一类别，得分最高的是贵州(21.96774)，得分最低的是上海(20.88966)，二者之差为 1.07808；在 70~79 岁这一类别，得分最高的是浙江(21.82716)，得分最低的是河北(18.80952)；二者之差为 3.01764；在 80 岁及以上这一类别，得分最高的是内蒙古(21.90909)，得分最低的是河北(14.96667)，二者之差为 6.94239。上述结果说明在 80 岁及以上这个类别上地区之间 ADL 得分的差异最大。

表 2　　地区层面老年人 ADL 得分的年龄差异

	60~69 岁	70~79 岁	80 岁及以上
安徽	21.66990	21.65972	20.15517
北京	21.93160	21.59524	19.48148
福建	21.77723	21.41667	21.14286
甘肃	21.20000	21.49153	21.61905
广东	21.60944	21.49444	21.31405
广西	21.81667	21.71942	19.62500
贵州	21.96774	21.50877	20.96429
河北	21.26230	18.80952	14.96667
河南	21.50896	20.59274	18.87179
黑龙江	21.87591	21.57037	20.60377
湖北	21.68120	20.73184	18.82000
湖南	21.71168	21.42953	19.70175
吉林	21.65161	20.39865	18.21951
江苏	21.59686	21.36585	20.65094
江西	21.76950	21.00676	19.28767
辽宁	21.67273	20.93182	19.31250

续表

	60~69 岁	70~79 岁	80 岁及以上
内蒙古	21. 72857	21. 57895	21. 90909
宁夏	21. 45652	20. 62791	19. 00000
青海	21. 20930	21. 62857	21. 66667
山东	21. 48973	20. 73709	19. 25806
山西	21. 31757	20. 76852	18. 96875
陕西	21. 14097	20. 36508	18. 73684
上海	20. 88966	20. 84302	21. 21111
四川	21. 83333	21. 13131	20. 38017
天津	21. 84898	21. 42982	19. 27500
云南	21. 35417	20. 43885	17. 82353
浙江	21. 91827	21. 82716	21. 36792
重庆	21. 74214	20. 85000	18. 59524

3. 地区层面老年人 ADL 得分的性别差异

表 3 显示的是地区层面老年人 ADL 得分的性别差异，结果显示：从总体上看，得分最高的是浙江男性老年人的 ADL 得分，为 21. 87745，得分最低的是河北女性老年人的 ADL 得分，为 19. 53435 分，二者之差为 2. 34310 分；分类别来看，在男性这一类别，得分最高的是浙江(21. 87745)，得分最低的是河北(20. 24699)，二者之差为 1. 63046；在女性这一类别，得分最高的是内蒙古(21. 78261)，得分最低的是河北(19. 53435)；二者之差为 2. 24826。上述结果说明在女性这个类别上地区之间 ADL 得分的差异最大。

表 3　　**地区层面老年人 ADL 得分的性别差异**

	男	女
安徽	21. 51485	21. 38835
北京	21. 38144	21. 52078
福建	21. 61905	21. 68613

续表

	男	女
甘肃	21.18000	21.48000
广东	21.54023	21.46886
广西	21.76214	21.70718
贵州	21.85430	21.53425
河北	20.24699	19.53435
河南	20.94886	20.57708
黑龙江	21.78061	21.53140
湖北	21.32895	20.97603
湖南	21.52245	21.24255
吉林	21.15385	20.84524
江苏	21.35088	21.26277
江西	21.06726	21.27857
辽宁	21.00510	21.27941
内蒙古	21.66667	21.78261
宁夏	21.30769	20.34043
青海	21.66102	21.15000
山东	21.05678	20.66904
山西	20.61905	21.03086
陕西	20.74138	20.53459
上海	20.97276	20.88814
四川	21.38732	21.23975
天津	21.60392	21.23611
云南	20.64433	20.23415
浙江	21.87745	21.68015
重庆	20.85890	21.18116

4. 地区层面老年人ADL得分的婚姻状况差异

表4显示的是地区层面老年人ADL得分的婚姻状况差异，结果显示：从总体上看，得分最高的是贵州已婚有配偶老年人的ADL得分，为21.93939，得分

最低的是云南离婚老年人的 ADL 得分，为 17.00000 分，二者之差为 4.93939 分；分类别来看，在已婚有配偶这一类别，得分最高的是贵州(21.93939)，得分最低的是河北(20.63889)，二者之差为 1.3005；在丧偶这一类别，得分最高的是内蒙古(21.75000)，得分最低的是河北(18.1519)；二者之差为 3.5981；在离婚这一类别，得分最高的是吉林(21.85714)，得分最低的是云南(17.00000)，二者之差为 4.85714；在未婚这一类别，得分最高的是广西(21.85185)，得分最低的是辽宁(19.66667)，二者之差为 2.18518。上述结果说明在离婚这个类别上地区之间 ADL 得分的差异最大。

表 4　　**地区层面老年人 ADL 得分的婚姻状况差异**

	已婚有配偶	丧偶	离婚	未婚
安徽	21.53791	21.29600	21.50000	20.25000
北京	21.70048	20.74815	21.00000	—
福建	21.69373	21.29412	—	—
甘肃	21.35915	21.17308	21.06893	21.00000
广东	21.58933	21.28859	21.16667	21.00000
广西	21.81911	21.31667	21.42857	21.85185
贵州	21.93939	21.19588	21.04689	—
河北	20.63889	18.15190	18.03342	—
河南	21.00976	20.32796	20.07856	20.37500
黑龙江	21.84234	21.26174	21.02234	20.50000
湖北	21.41686	20.47561	20.23421	20.66667
湖南	21.53652	20.91667	20.34678	—
吉林	21.43425	20.04969	21.85714	21.00000
江苏	21.41369	21.16149	21.66667	—
江西	21.50133	20.29268	19.25000	20.00000
辽宁	21.45118	20.30208	19.75000	19.66667
内蒙古	21.70423	21.75000	21.07893	—
宁夏	21.25714	19.86207	—	—
青海	21.40580	21.55172	21.00894	—

续表

	已婚有配偶	丧偶	离婚	未婚
山东	21.23913	20.00568	18.00000	21.57143
山西	20.80392	20.91250	20.89456	—
陕西	20.96970	20.00787	—	—
上海	20.85961	21.09220	21.80000	—
四川	21.48446	20.97044	21.83333	21.00000
天津	21.68827	20.40580	20.00893	19.89876
云南	20.86640	19.74667	17.00000	20.00000
浙江	21.84830	21.57718	21.23412	20.98738
重庆	21.35407	20.07143	20.03345	21.60000

注："—"为缺失值。

5. 地区层面老年人 ADL 得分的受教育程度差异

表 5 显示的是地区层面老年人 ADL 得分的受教育程度差异，结果显示：从总体上看，得分最高的是四川高中及以上老年人的 ADL 得分，为 22.00000，得分最低的是河北小学及以下老年人的 ADL 得分，为 20.28571 分，二者之差为 1.71429 分；分类别来看，在小学及以下这一类别，得分最高的是贵州(21.95000)，得分最低的是河北(20.28571)，二者之差为 1.66429；在初中这一类别，得分最高的是贵州(21.9965)，得分最低的是云南(18.1519)，二者之差为 3.59810；在高中及以上这一类别，得分最高的是四川(22.00000)，得分最低的是云南(20.50000)，二者之差为 1.50000。上述结果说明在初中这个类别上地区之间 ADL 得分的差异最大。

表 5　**地区层面老年人 ADL 得分的受教育程度差异**

	小学及以下	初中	高中及以上
安徽	21.41618	21.77273	21.90909
北京	21.17143	21.73494	21.94737

续表

	小学及以下	初中	高中及以上
福建	21.72189	21.75000	22.00000
甘肃	20.86364	20.90000	20.83333
广东	21.31250	21.60000	21.00000
广西	—	—	—
贵州	21.95000	21.99650	21.88889
河北	20.28571	21.62500	21.80000
河南	20.92611	21.62222	21.96296
黑龙江	21.85294	21.89655	21.34578
湖北	21.26697	21.38095	21.75000
湖南	21.60000	21.09876	20.98768
吉林	20.74009	21.77963	21.95085
江苏	21.68519	21.93750	21.53333
江西	20.85357	21.83333	21.77143
辽宁	20.81203	21.46565	21.45313
内蒙古	21.60000	21.50000	21.33333
宁夏	20.50000	21.45678	21.34567
青海	21.55556	20.75000	21.50000
山东	21.19101	21.70968	21.90000
山西	21.53488	21.75000	21.72222
陕西	20.68508	21.52174	21.36842
上海	21.26087	20.63636	20.84000
四川	21.25301	21.85714	22.00000
天津	21.54762	21.79775	21.79762
云南	20.76667	20.45632	20.50000
浙江	21.50806	21.93243	21.95238
重庆	21.73913	21.66667	21.89765

注：“—”为缺失值。

6. 地区层面老年人 ADL 得分的经济状况差异

表 6 显示的是地区层面老年人 ADL 得分的经济状况差异，结果显示：从总体上看，得分最高的是广西 30000~59999 元老年人的 ADL 得分，为 22.00000，得分最低的是河北 60000 元及以上老年人的 ADL 得分，为 18.37037 分，二者之差为 3.62963 分；分类别来看，在 0~1999 元这一类别，得分最高的是内蒙古(21.87621)，得分最低的是贵州(18.75000)，二者之差为 3.12621；在 2000~9999 元这一类别，得分最高的是内蒙古(21.88235)，得分最低的是云南(20.03333)；二者之差为 1.84902；在 10000~29999 元这一类别，得分最高的是广西(21.97222)，得分最低的是云南(20.96875)，二者之差为 1.00347；在 30000~59999 元这一类别，得分最高的是广西(22.00000)，得分最低的是重庆市(20.27273)，二者之差为 1.72727；在 60000 元及以上这一类别，得分最高的是广西(21.91667)，得分最低的是河北(18.37037)，二者之差为 3.54630。上述结果说明在 60000 元及以上这个类别上地区之间 ADL 得分的差异最大。

表 6　　地区层面老年人 ADL 得分的经济状况差异

	0~1999 元	2000~9999 元	10000~29999 元	30000~59999 元	60000 元及以上
安徽	20.24074	21.46411	21.77143	21.93939	21.90909
北京	21.71429	21.51034	21.70000	21.44051	21.45205
福建	21.77778	21.73913	21.81429	21.81818	21.55191
甘肃	21.12500	21.06452	21.83333	21.66667	21.40000
广东	20.83871	21.63415	21.35938	21.69957	21.37576
广西	19.73684	21.71212	21.97222	22.00000	21.85115
贵州	18.75000	21.56061	21.80702	21.93814	21.41667
河北	20.46809	20.42647	21.54762	21.25000	18.37037
河南	19.65318	21.23810	21.63566	21.52830	20.74194
黑龙江	21.21429	21.54088	21.80296	21.44118	21.83429
湖北	20.11594	21.40164	21.71066	21.83077	20.62162
湖南	21.30000	21.33708	21.39286	21.76563	21.33333
吉林	20.74545	21.03084	21.60484	20.42857	20.06818

续表

	0~1999 元	2000~9999 元	10000~29999 元	30000~59999 元	60000 元及以上
江苏	21.22727	21.06731	21.57143	21.66929	20.66667
江西	21.26087	21.02174	21.82000	21.87500	21.04830
辽宁	21.73077	20.66667	21.07944	21.32479	20.60714
内蒙古	21.87621	21.88235	21.71795	21.44000	21.91667
宁夏	20.62500	21.45833	21.40000	21.75000	20.35135
青海	21.69444	21.13636	21.45161	21.25000	21.50000
山东	20.41573	20.83654	21.12121	20.79310	21.34356
山西	20.53488	20.93023	21.23256	21.08163	20.53731
陕西	20.58696	20.72807	21.00000	21.26316	20.42045
上海	20.84444	20.88235	20.99333	20.68508	21.30556
四川	20.96296	21.12245	21.59091	21.45783	20.93750
天津	20.43750	21.30000	21.74074	21.55517	21.21739
云南	20.64481	20.03333	20.96875	20.92593	19.94030
浙江	18.83333	21.82759	21.84354	21.81019	21.61224
重庆	21.14050	21.53846	21.28571	20.27273	18.62963

7. 地区层面老年人 ADL 得分的健在子女子女数量差异

表 7 显示的是地区层面老年人 ADL 得分的健在子女数量差异，结果显示：从总体上看，得分最高的是浙江 1 个健在子女老年人的 ADL 得分，为 21.87407，得分最低的是福建 0 个健在子女老年人的 ADL 得分，为 18.85714 分，二者之差为 3.01693 分；分类别来看，在 0 个健在子女这一类别，得分最高的是山东(21.60000)，得分最低的是福建(18.85714)，二者之差为 2.74286；在 1 个健在子女这一类别，得分最高的是浙江(21.87407)，得分最低的是山西(19.46154)；二者之差为 2.41253；在 2 个健在子女这一类别，得分最高的是浙江(21.85311)，得分最低的是宁夏(19.33333)，二者之差为 2.51978；在 3 个及以上健在子女这一类别，得分最高的是青海(21.67391)，得分最低的是河北(19.25547)，二者之差为 2.41844。上述结果说明在 0 个健在子女这个类别上地区之间 ADL 得分的差异最大。

表 7　　　　地区层面老年人 ADL 得分的健在子女子女数量差异

	0 个	1 个	2 个	3 个及以上
安徽	—	21.81818	21.82524	21.26336
北京	21.19346	21.82061	21.53631	20.44762
福建	18.85714	21.70130	21.79710	21.60000
甘肃	—	20.74074	21.30667	21.49474
广东	—	21.30061	21.65385	21.53000
广西	—	21.68519	21.69355	21.86047
贵州	—	21.74603	21.68750	21.67974
河北	—	21.04444	20.38532	19.25547
河南	21.00000	21.24561	21.26061	20.54032
黑龙江	21.34689	21.72414	21.85985	21.52256
湖北	21.00000	21.62745	21.64378	20.70588
湖南	20.00000	21.50000	21.61074	21.26667
吉林	21.08932	21.29293	21.58621	20.50407
江苏	21.06783	21.64045	21.16667	21.31878
江西	—	21.13158	20.74324	21.48708
辽宁	21.08973	21.75214	21.51515	20.32857
内蒙古	21.66667	22.00000	21.73077	21.70213
宁夏	—	20.75000	19.33333	20.91860
青海	21.00000	21.52632	21.06667	21.67391
山东	21.60000	21.17241	21.09545	20.54478
山西	20.06723	19.46154	21.29114	20.93889
陕西	21.00000	20.93333	20.74286	20.61600
上海	21.03421	21.03409	21.19136	20.73010
四川	20.00563	21.60000	21.48663	21.04962
天津	21.06742	21.84422	21.49618	20.00000
云南	21.00000	21.14286	20.90805	20.23611
浙江	21.00347	21.87407	21.85311	21.56329
重庆	—	20.80000	21.46939	20.74432

注：“—”为缺失值。

从总体上看，在地区层面老年人 ADL 指标的得分上，最高分与最低分之间的差值最大的是“年龄”(7.00107)，差值最小的是“受教育程度”(1.71429)，可以看出老年人在“年龄”指标上 ADL 得分差异最大，在“受教育程度”指标上差异最小。

二、地区层面老年人 IADL 得分与人口学特征的交互分析

1. 地区层面老年人 IADL 得分的城乡差异

表 8 显示的是地区层面老年人 IADL 得分的城乡差异，结果显示：从总体上看，得分最高的是(贵州、黑龙江、山东)镇老年人的 IADL 得分，均为 18.00000，得分最低的是陕西镇老年人的 IADL 得分，为 12.00000 分，二者之差为 6.00000 分；分类别来看，在城市这一类别，得分最高的是浙江(17.73475)，得分最低的是宁夏(14.10417)，二者之差为 3.63058；在镇这一类别，得分最高的是贵州(18.00000)、黑龙江(18.00000)、山东(18.00000)，得分最低的是陕西(12.00000)；二者之差为 6.00000；在农村这一类别，得分最高的是浙江(17.76768)，得分最低的是宁夏(14.07843)，二者之差为 3.68925。上述结果说明在镇这个类别上地区之间 IADL 得分的差异最大。

表 8　　**地区层面老年人 IADL 得分的城乡差异**

	城	镇	农村
安徽	17.32000	17.74510	17.55049
北京	16.76087	16.92000	—
福建	17.44382	17.69231	17.53465
甘肃	16.76000	16.24000	16.80667
广东	17.47668	17.79167	17.13514
广西	17.62069	16.50000	17.48207
贵州	17.46927	18.00000	17.20370
河北	15.40816	—	15.74372
河南	16.60680	16.01370	15.92331

续表

	城	镇	农村
黑龙江	17.37413	18.00000	17.12541
湖北	17.03145	17.66667	16.34944
湖南	16.93939	—	16.63855
吉林	16.27823	17.20833	16.37004
江苏	17.06303	17.59259	16.71730
江西	17.52995	17.48438	16.46847
辽宁	16.54857	16.00000	17.15556
内蒙古	17.48000	—	17.00000
宁夏	14.10417	—	14.07843
青海	16.75676	—	17.00000
山东	16.69508	18.00000	16.61034
山西	16.30058	16.07692	15.73529
陕西	16.29661	12.00000	15.55720
上海	16.92210	—	—
四川	17.16556	17.64000	16.71084
天津	16.66416	—	—
云南	15.44828	14.70000	15.40893
浙江	17.73475	—	17.76768
重庆	15.84000	15.96000	16.55721

注：“—”为缺失值。

2. 地区层面老年人IADL得分的年龄差异

表9显示的是地区层面老年人IADL得分的年龄差异，结果显示：从总体上看，得分最高的是浙江60~69岁老年人的IADL得分，为17.92308，得分最低的是宁夏80岁及以上老年人的IADL得分，为10.30000分，二者之差为7.62308分；分类别来看，在60~69岁这一类别，得分最高的是浙江(17.92308)，得分最低的是宁夏(15.93478)，二者之差为1.98830；在70~79岁这一类别，得分最

高的是浙江(17.79630)，得分最低的是宁夏(13.00000)；二者之差为4.79630；在80岁及以上这一类别，得分最高的是甘肃(17.66667)，得分最低的是宁夏(10.30000)，二者之差为7.36667。上述结果说明在80岁及以上这个类别上地区之间IADL得分的差异最大。

表9　　　　地区层面老年人IADL得分的年龄差异

	60~69岁	70~79岁	80岁及以上
安徽	17.81553	17.65972	16.31034
北京	17.62541	16.77381	13.55556
福建	17.69802	17.17708	16.00000
甘肃	16.55833	16.74576	17.66667
广东	17.64807	17.08889	17.00000
广西	17.58333	17.43165	14.87500
贵州	17.72903	17.14035	16.53571
河北	17.11475	13.92857	11.36667
河南	17.37634	15.71774	13.26923
黑龙江	17.72263	16.92593	14.50943
湖北	17.57221	16.09497	12.86000
湖南	17.32847	16.75168	14.24561
吉林	17.25806	15.43243	12.97561
江苏	17.43979	17.05854	15.75472
江西	17.64184	16.91216	15.08219
辽宁	17.46364	16.24242	13.70833
内蒙古	17.12857	17.26316	16.81818
宁夏	15.93478	13.00000	10.30000
青海	16.86047	16.97143	16.47619
山东	17.33904	16.69953	14.44086
山西	16.99324	15.75000	13.06250
陕西	16.63436	15.33333	11.97368
上海	16.81724	17.05233	17.01111

续表

	60~69 岁	70~79 岁	80 岁及以上
四川	17. 74468	16. 74242	15. 76860
天津	17. 57959	16. 21053	12. 35000
云南	16. 75521	15. 22302	11. 50000
浙江	17. 92308	17. 79630	17. 30189
重庆	17. 38994	16. 27000	12. 45238

3. 地区层面老年人 IADL 得分的性别差异

表 10 显示的是地区层面老年人 IADL 得分的性别差异，结果显示：从总体上看，得分最高的是浙江男性老年人的 IADL 得分，为 17. 90196，得分最低的是宁夏女性老年人的 IADL 得分，为 13. 31915 分，二者之差为 4. 58281 分；分类别来看，在男性这一类别，得分最高的是浙江(17. 90196)，得分最低的是宁夏(14. 78846)，二者之差为 3. 11350；在女性这一类别，得分最高的是浙江(17. 62132)，得分最低的是宁夏(13. 31915)；二者之差为 4. 30217；上述结果说明在女性这个类别上地区之间 IADL 得分的差异最大。

表 10　　　　地区层面老年人 IADL 得分的性别差异

	男	女
安徽	17. 71287	17. 38350
北京	16. 60309	16. 86427
福建	17. 52381	17. 45985
甘肃	16. 87000	16. 59000
广东	17. 19923	17. 42125
广西	17. 48058	17. 46409
贵州	17. 60265	17. 17123
河北	15. 98795	15. 18321
河南	16. 27841	16. 01186
黑龙江	17. 42092	16. 95169

续表

	男	女
湖北	17.00329	16.45205
湖南	16.95102	16.60851
吉林	16.70850	16.02778
江苏	16.99561	16.87226
江西	16.92825	17.15714
辽宁	16.51020	16.70588
内蒙古	17.22222	17.00000
宁夏	14.78846	13.31915
青海	17.11864	16.37500
山东	16.82019	16.48043
山西	16.43651	15.82099
陕西	16.15086	15.19497
上海	16.97665	16.87458
四川	17.10211	16.94006
天津	16.81176	16.40278
云南	15.46392	15.19512
浙江	17.90196	17.62132
重庆	16.25767	16.41304

4. 地区层面老年人IADL得分的婚姻状况差异

表11显示的是地区层面老年人IADL得分的婚姻状况差异，结果显示：从总体上看，得分最高的是安徽、甘肃、河北、河南、黑龙江、湖北、湖南、江苏、内蒙古、青海、山西、上海、天津、浙江离婚老年人的IADL得分，广东、吉林、江西、山东、天津、浙江未婚老人的IADL得分，均为18.00000，得分最低的是宁夏丧偶老年人的IADL得分，为11.72414分，二者之差为6.27586分；分类别来看，在已婚有配偶这一类别，得分最高的是浙江(17.83901)，得分最低的是宁夏(15.07143)，二者之差为2.76758；在丧偶这一类别，得分最高的是浙江

(17.52349)，得分最低的是宁夏(11.72414)；二者之差为5.79935；在离婚这一类别，得分最高的是安徽、甘肃、河北、河南、黑龙江、湖北、湖南、江苏、内蒙古、青海、山西、上海、天津、浙江(18.00000)，得分最低的是江西(13.25)，二者之差为4.75；在未婚这一类别，得分最高的是广东、吉林、江西、山东、天津、浙江(18.00000)，得分最低的是湖北(14.66667)、辽宁(14.66667)，二者之差为3.33333。上述结果说明在丧偶这个类别上地区之间IADL得分的差异最大。

表11 **地区层面老年人IADL得分的婚姻状况差异**

	已婚有配偶	丧偶	离婚	未婚
安徽	17.70758	17.20800	18.00000	16.75000
北京	17.22705	15.35556	17.42857	—
福建	17.59779	16.67647	—	—
甘肃	16.64789	16.82692	18.00000	17.75000
广东	17.38133	17.13423	17.00000	18.00000
广西	17.56314	16.93333	17.14286	17.77778
贵州	17.66667	16.82474	17.50000	—
河北	16.42593	13.56962	18.00000	—
河南	16.62439	15.17204	18.00000	15.62500
黑龙江	17.57658	16.32215	18.00000	15.00000
湖北	17.15457	15.65854	18.00000	14.66667
湖南	16.97753	16.16667	18.00000	
吉林	16.91743	15.16149	17.28571	18.00000
江苏	17.21131	16.42857	18.00000	
江西	17.37867	16.18699	13.25000	18.00000
辽宁	17.06734	15.27083	16.25000	14.66667
内蒙古	17.11268	17.10714	18.00000	—
宁夏	15.07143	11.72414	—	—
青海	16.75362	16.93103	18.00000	—
山东	17.15217	15.46023	15.00000	18.00000

续表

	已婚有配偶	丧偶	离婚	未婚
山西	16.14706	15.85000	18.00000	—
陕西	16.42803	14.37795	—	—
上海	16.87931	17.00709	18.00000	—
四川	17.20984	16.66010	17.83333	15.83333
天津	17.18519	14.10145	18.00000	18.00000
云南	15.76113	14.67333	—	17.00000
浙江	17.83901	17.52349	18.00000	18.00000
重庆	16.76077	15.11905	17.66667	17.80000

注："—"为缺失值。

5. 地区层面老年人IADL得分的受教育程度差异

表12显示的是地区层面老年人IADL得分的受教育程度差异，结果显示：从总体上看，得分最高的是宁夏初中学历老年人的IADL得分，广东、宁夏、四川高中及以上学历老年人的IADL得分，均为18.00000分，得分最低的是宁夏小学及以下学历老年人的IADL得分，为13.50000分，二者之差为4.50000分；分类别来看，在小学及以下这一类别，得分最高的是内蒙古(17.80000)，得分最低的是宁夏(13.50000)，二者之差为4.30000；在初中这一类别，得分最高的是宁夏(18.00000)，得分最低的是青海(16.25000)；二者之差为1.75000；在高中及以上这一类别，得分最高的是广东、宁夏、四川(18.00000)，得分最低的是云南(15.75000)，二者之差为2.25000。上述结果说明在小学及以下这个类别上地区之间IADL得分的差异最大。

表12　　**地区层面老年人IADL得分的受教育程度差异**

	小学及以下	初中	高中及以上
安徽	17.63006	17.95455	17.90909
北京	15.91429	17.22892	17.55263
福建	17.79882	17.45833	16.50000

续表

	小学及以下	初中	高中及以上
甘肃	17.04545	16.70000	16.66667
广东	17.37500	17.70000	18.00000
广西	—	—	—
贵州	17.73333	17.70732	17.94444
河北	15.71429	17.75000	17.85000
河南	16.34483	17.31111	17.66667
黑龙江	17.57983	17.68966	17.86667
湖北	16.69231	17.46032	17.87500
湖南	17.13333	17.76471	17.86667
吉林	16.20264	16.93519	15.76271
江苏	17.14815	17.68750	16.73333
江西	16.79643	17.70370	17.58571
辽宁	16.00000	17.15267	17.18750
内蒙古	17.80000	17.33333	16.33333
宁夏	13.50000	18.00000	18.00000
青海	17.22222	16.25000	17.00000
山东	16.82022	17.45161	17.50000
山西	16.55814	17.15385	17.22222
陕西	15.79006	17.13043	16.52632
上海	17.13043	16.84848	16.72000
四川	17.08434	17.83333	18.00000
天津	15.59524	17.19101	17.40476
云南	16.21667	17.61538	15.75000
浙江	17.54032	17.94595	17.80952
重庆	17.02174	17.33333	—

注：“—”为缺失值。

6. 地区层面老年人IADL得分的经济状况差异

表13显示的是地区层面老年人IADL得分的经济状况差异，结果显示：从总

体上看，得分最高的是福建、广西收入 30000~59999 元老年人的 IADL 得分，为 18.00000，得分最低的是宁夏收入 10000~29999 元老年人的 IADL 得分，为 13.30000 分，二者之差为 4.70000 分；分类别来看，在 0~1999 元这一类别，得分最高的是江西（17.65217），得分最低的是宁夏（13.54167），二者之差为 4.11050；在 2000~9999 元这一类别，得分最高的是浙江（17.74138），得分最低的是宁夏（14.70833）；二者之差为 3.03305；在 10000~29999 元这一类别，得分最高的是广西（17.88889），得分最低的是宁夏（13.30000），二者之差为 4.58889；在 30000~59999 元这一类别，得分最高的是福建、广西（18.00000），得分最低的是宁夏（14.75000），二者之差为 3.25000；在 60000 元及以上元这一类别，得分最高的是安徽（17.94805），得分最低的是重庆（13.59259），二者之差为 4.35546；上述结果说明在 10000~29999 元这个类别上地区之间 IADL 得分的差异最大。

表 13　　**地区层面老年人 IADL 得分的经济状况差异**

	0~1999 元	2000~9999 元	10000~29999 元	30000~59999 元	60000 元及以上
安徽	16.50000	17.58373	17.82857	17.78788	17.94805
北京	16.71429	16.96552	17.05000	16.74920	16.43836
福建	17.61111	17.65217	17.74286	18.00000	17.33880
甘肃	16.32143	17.22581	16.27778	17.26667	16.82500
广东	17.06452	17.26829	17.07813	17.64378	16.99394
广西	15.15789	17.13636	17.88889	18.00000	17.66031
贵州	14.87500	17.31818	17.43860	17.67010	16.75000
河北	15.65957	16.00000	17.35714	17.46875	14.17593
河南	14.95376	16.68254	17.41085	16.67925	15.82258
黑龙江	15.89286	16.93082	17.33005	17.23529	17.69714
湖北	15.47101	16.89344	17.55330	17.43077	16.02703
湖南	16.52917	17.08989	16.91667	17.12500	17.00000
吉林	15.54545	16.54185	16.92742	16.00000	15.29545
江苏	16.87273	16.84615	17.16327	17.22047	16.20635
江西	17.65217	16.17391	17.60000	17.87500	16.98011

续表

	0~1999 元	2000~9999 元	10000~29999 元	30000~59999 元	60000 元及以上
辽宁	17.07692	15.53333	16.51869	17.02564	15.71429
内蒙古	17.28571	17.23529	17.41026	16.92000	16.33333
宁夏	13.54167	14.70833	13.30000	14.75000	14.18919
青海	17.44444	15.95455	16.74194	16.62500	17.00000
山东	16.15169	16.57692	17.06061	16.80460	17.03067
山西	15.51163	15.63953	16.79070	17.02041	15.91045
陕西	15.59420	15.78947	16.56250	16.94737	15.44318
上海	17.13333	17.10294	16.99333	16.98895	16.50926
四川	16.19753	16.97959	17.62397	17.27711	15.00000
天津	14.37500	16.25000	17.18519	16.81724	16.36957
云南	15.58470	15.17778	15.53125	16.11111	14.40299
浙江	15.33333	17.74138	17.85034	17.78704	17.51020
重庆	16.50413	17.07692	16.48052	15.63636	13.59259

7. 地区层面老年人 IADL 得分的健在子女子女数量差异

表 14 显示的是地区层面老年人 IADL 得分的健在子女数量差异，结果显示：从总体上看，得分最高的是(贵州、河南、黑龙江、湖北、湖南、吉林、江苏、山西、上海、浙江)拥有 0 个健在子女老年人的 IADL 得分，均为 18.00000，得分最低的是天津拥有 3 个及以上健在子女老年人的 IADL 得分，为 13.42105 分，二者之差为 4.57895 分；分类别来看，在 0 个健在子女这一类别，得分最高的是贵州、河南、黑龙江、湖北、湖南、吉林、江苏、山西、上海、浙江(18.00000)，得分最低的是福建(13.57143)，二者之差为 4.42857；在 1 个健在子女这一类别，得分最高的是浙江(17.90370)，得分最低的是宁夏(14.00000)；二者之差为 3.90370；在 2 个健在子女这一类别，得分最高的是安徽(17.89320)，得分最低的是宁夏(14.16667)，二者之差为 3.72653；在 3 个及以上健在子女这一类别，得分最高的是福建(17.56000)，得分最低的是天津(13.42105)，二者之差为 4.13895。上述结果说明在拥有 0 个健在子女这个类别

上地区之间 IADL 得分的差异最大。

表 14　　地区层面老年人 IADL 得分的健在子女数量差异

	0 个	1 个	2 个	3 个及以上
安徽	—	17.72727	17.89320	17.39313
北京	16.00000	17.46565	16.63687	15.27619
福建	13.57143	17.46753	17.84058	17.56000
甘肃	—	17.03704	16.68000	16.65263
广东	17.00000	17.31288	17.25000	17.32500
广西	17.00000	17.61111	17.16129	17.44186
贵州	18.00000	17.57143	17.45000	17.28105
河北	—	16.86667	16.40367	14.64234
河南	18.00000	16.63158	16.75152	15.87097
黑龙江	18.00000	17.51724	17.71212	16.74436
湖北	18.00000	17.52941	17.45923	16.05556
湖南	18.00000	17.30000	17.11409	16.56333
吉林	18.00000	16.80808	17.07586	15.71545
江苏	18.00000	17.26966	16.96552	16.81659
江西	—	17.11842	16.79054	17.21771
辽宁	17.33333	17.46154	17.06061	15.45714
内蒙古	17.66667	17.23810	17.11538	17.00000
宁夏	—	14.00000	14.16667	14.01163
青海	17.00000	17.10526	16.93333	16.58696
山东	17.20000	17.09195	16.87727	16.28358
山西	18.00000	14.61538	16.67089	16.09444
陕西	16.50000	15.73333	16.32381	15.52800
上海	18.00000	16.56818	17.18519	16.83737
四川	17.00000	17.35714	17.35294	16.64122
天津	17.50000	17.50251	16.70992	13.42105
云南	14.00000	15.09524	16.22989	15.07292

续表

	0个	1个	2个	3个及以上
浙江	18.00000	17.90370	17.80226	17.53165
重庆	—	16.85000	16.89796	15.89205

注："—"为缺失值。

从总体上看，在地区层面老年人IADL指标的得分上，最高分与最低分之间的差值最大的是"年龄"(7.62308)，差值最小的是"受教育程度"(4.50000)，可以看出老年人在"年龄"指标上IADL得分差异最大，在"受教育程度"指标上差异最小。

第二节　地区层面老年人身体健康的聚类分析

一、地区层面老年人ADL和IADL各指标的描述性分析

1. 地区层面老年人ADL各指标得分

表15显示的是28个地区老年人ADL的11个指标得分情况。结果显示：第一，从总体上看，所有的11个指标中平均得分最高的是B4-11室内走动和B4-8大便失禁情况。第二，分类别来看，B4-1指标上，得分最高的是贵州，其次是天津和福建；B4-2指标上，得分最高的是广西，其次是浙江和内蒙古；B4-3指标上，得分最高的是内蒙古，其次是福建和浙江；B4-4指标上，得分最高的是内蒙古，其次是广西和福建；B4-5指标上，得分最高的是福建，其次是内蒙古和青海；B4-6指标上，得分最高的是浙江，其次是福建和广西；B4-7指标上，得分最高的是贵州，其次是湖南和浙江；B4-8指标上，得分最高的是内蒙古，其次是浙江和黑龙江；B4-9指标上，得分最高的是内蒙古，其次是广西和福建；B4-10指标上，得分最高的是内蒙古，其次是福建和湖南；B4-11指标上，得分最高的是青海，其次是内蒙古和福建。

表 15　**28 个地区老年人 ADL 各指标得分情况**

	B4-1	B4-2	B4-3	B4-4	B4-5	B4-6	B4-7	B4-8	B4-9	B4-10	B4-11
安徽	1.82108	1.93627	1.95098	1.94363	1.96569	1.93627	1.99020	1.98039	1.98039	1.96814	1.97794
北京	1.94065	1.94784	1.96223	1.90827	1.96043	1.96043	1.89388	1.98741	1.96043	1.97842	1.97302
福建	1.94426	1.96393	1.98361	1.98033	1.99016	1.98689	1.91475	1.92131	1.99016	1.98361	1.99016
甘肃	1.73000	1.94000	1.93000	1.90500	1.96500	1.96000	1.98500	1.99000	1.96000	1.98000	1.98500
广东	1.88577	1.93820	1.96629	1.95318	1.97378	1.89700	1.96629	1.98127	1.97378	1.97940	1.98876
广西	1.90181	1.98191	1.97933	1.98708	1.98708	1.98450	1.97933	1.98708	1.99225	1.97674	1.97933
贵州	1.94949	1.96633	1.96970	1.96970	1.96970	1.96633	1.99663	1.99327	1.96970	1.96633	1.97980
河北	1.65993	1.77778	1.78114	1.73737	1.81145	1.81145	1.88889	1.88889	1.84512	1.83165	1.89899
河南	1.67603	1.90248	1.94050	1.78678	1.95702	1.92562	1.80165	1.93554	1.95372	1.95207	1.96198
黑龙江	1.93656	1.96828	1.97329	1.95659	1.98497	1.98164	1.98998	1.99332	1.95826	1.97663	1.97496
湖北	1.90436	1.93121	1.94295	1.91779	1.96309	1.95302	1.74329	1.91946	1.94128	1.96477	1.97483
湖南	1.61875	1.96250	1.96875	1.95833	1.97708	1.96875	1.99167	1.99167	1.97917	1.98333	1.98542
吉林	1.82365	1.91182	1.93186	1.80762	1.94589	1.85972	1.92385	1.95391	1.93587	1.94188	1.96192
江苏	1.79084	1.92231	1.93426	1.92231	1.94821	1.94821	1.95219	1.97211	1.96614	1.96813	1.97809
江西	1.70179	1.92048	1.94036	1.93241	1.95030	1.92445	1.97217	1.97217	1.95427	1.95229	1.96421
辽宁	1.88750	1.88750	1.93000	1.80250	1.95500	1.93500	1.94500	1.97000	1.93750	1.91500	1.98000

续表

	B4-1	B4-2	B4-3	B4-4	B4-5	B4-6	B4-7	B4-8	B4-9	B4-10	B4-11
内蒙古	1.89000	1.97000	2.00000	1.99000	1.99000	1.89000	1.99000	2.00000	2.00000	2.00000	2.00000
宁夏	1.90909	1.92929	1.91919	1.77778	1.93939	1.73737	1.94949	1.96970	1.91919	1.86869	1.92929
青海	1.86869	1.88889	1.96970	1.96970	1.98990	1.88889	1.93939	1.96970	1.98990	1.97980	2.00000
山东	1.72742	1.88629	1.91973	1.82441	1.92308	1.92977	1.91137	1.92977	1.93813	1.93813	1.94649
山西	1.75347	1.88542	1.89931	1.82986	1.92361	1.91667	1.93056	1.92361	1.92014	1.92708	1.94097
陕西	1.41688	1.87980	1.94118	1.83120	1.94373	1.92839	1.90537	1.87980	1.96419	1.97954	1.98721
上海	1.78623	1.89674	1.91304	1.86051	1.91667	1.87500	1.94022	1.94928	1.91486	1.92572	1.94928
四川	1.71547	1.94176	1.94010	1.92845	1.96173	1.96506	1.97504	1.98170	1.96007	1.96173	1.97837
天津	1.94737	1.91479	1.94486	1.90226	1.97243	1.93734	1.96491	1.98747	1.95990	1.96992	1.96992
云南	1.20551	1.87970	1.91980	1.83459	1.95238	1.91980	1.94737	1.96742	1.92982	1.94236	1.93484
浙江	1.90966	1.97689	1.98109	1.97689	1.98739	1.98739	1.99160	1.99790	1.98529	1.98319	1.98739
重庆	1.69103	1.88040	1.90698	1.89701	1.92359	1.93023	1.96678	1.97342	1.94020	1.94020	1.95681
均值	1.78101	1.92250	1.94142	1.89530	1.95467	1.93357	1.93444	1.96234	1.95371	1.95685	1.96905

注：B4-1 能自己打电话吗；B4-2 能把自己收拾得干净整齐吗；B4-3 能自己穿衣服吗；B4-4 能自己洗澡吗；B4-5 能自己吃饭吗；B4-6 能自己吃药吗；B4-7 有小便失禁的现象吗；B4-8 有大便失禁的现象吗；B4-9 能自己上厕所吗；B4-10 能自己从床上移到床边的椅子上吗；B4-11 能在室内走动吗。值域都为 0-2 分，具体赋值方法详见第二章。

2. 地区层面老年人 IADL 各指标得分

表 16 显示的是 28 个地区老年人 IADL 的 9 个指标得分情况。结果显示：第一，从总体上看，所有的 9 个指标中平均得分最高的是 B6-3 室外行走，其次是 B6-6 管理自己的钱财和 B6-1 上下楼梯。第二，分类别来看，B6-1 指标上，得分最高的是浙江，其次是内蒙古和广西；B6-2 指标上，得分最高的是安徽，其次是江苏和浙江；B6-3 指标上，得分最高的是福建，其次是浙江和广西；B6-4 指标上，得分最高的是浙江，其次是福建和安徽；B6-5 指标上，得分最高的是福建，其次是浙江和广西；B6-6 指标上，得分最高的是广西，其次是浙江和内蒙古；B6-7 指标上，得分最高的是浙江，其次是广东和安徽；B6-8 指标上，得分最高的是浙江，其次是广西和福建；B6-9 指标上，得分最高的是浙江，其次是广西和安徽。

表 16　　**28 个地区老年人 IADL 各指标得分情况**

	B6-1	B6-2	B6-3	B6-4	B6-5	B6-6	B6-7	B6-8	B6-9
安徽	1.95588	1.98284	1.96324	1.95343	1.95098	1.93627	1.90196	1.95098	1.95098
北京	1.92626	1.90647	1.96043	1.85252	1.84532	1.89928	1.68165	1.86691	1.83633
福建	1.96721	1.92787	1.98361	1.95738	1.97049	1.92787	1.85246	1.96393	1.94426
甘肃	1.90500	1.87000	1.95000	1.83500	1.82500	1.91000	1.79500	1.83500	1.80500
广东	1.94569	1.89513	1.97004	1.94007	1.90262	1.94757	1.90449	1.91573	1.89139
广西	1.96899	1.90439	1.97158	1.93282	1.95349	1.98708	1.80620	1.97674	1.97158
贵州	1.96633	1.86195	1.96633	1.95286	1.95286	1.96296	1.82828	1.95286	1.94613
河北	1.70370	1.88215	1.79125	1.68013	1.71044	1.76431	1.71380	1.68687	1.70034
河南	1.82479	1.89587	1.91405	1.70083	1.73388	1.81322	1.66612	1.79008	1.82810
黑龙江	1.93322	1.95159	1.95826	1.90651	1.90150	1.92654	1.90150	1.87813	1.90150
湖北	1.89933	1.92114	1.94463	1.83389	1.82383	1.89933	1.76846	1.82215	1.82047
湖南	1.95417	1.64583	1.95000	1.84167	1.85000	1.94583	1.85417	1.87083	1.87083
吉林	1.84970	1.87375	1.92385	1.75351	1.75752	1.89780	1.74349	1.78557	1.77956
江苏	1.94622	1.97809	1.96614	1.87251	1.86454	1.91434	1.63147	1.88446	1.87052
江西	1.92644	1.91252	1.95229	1.80517	1.86083	1.93837	1.84891	1.90060	1.91054

续表

	B6-1	B6-2	B6-3	B6-4	B6-5	B6-6	B6-7	B6-8	B6-9
辽宁	1.91750	1.95250	1.93500	1.83500	1.78000	1.91000	1.70500	1.79000	1.78500
内蒙古	1.98000	1.91000	1.96000	1.80000	1.89000	1.98000	1.88000	1.88000	1.84000
宁夏	1.53535	1.65657	1.79798	1.36364	1.38384	1.76768	1.32323	1.62626	1.63636
青海	1.91919	1.91919	1.93939	1.90909	1.85859	1.92929	1.72727	1.85859	1.75758
山东	1.87793	1.84114	1.91973	1.79097	1.81605	1.90803	1.83946	1.81773	1.84950
山西	1.77778	1.76736	1.89583	1.70486	1.76389	1.89236	1.72222	1.80208	1.76389
陕西	1.76726	1.55243	1.95908	1.64450	1.71355	1.86701	1.79284	1.72890	1.73657
上海	1.91848	1.90580	1.93297	1.81703	1.85870	1.92935	1.79529	1.88768	1.87681
四川	1.94676	1.81198	1.93511	1.90849	1.89684	1.94676	1.82529	1.87521	1.87022
天津	1.91479	1.90727	1.92481	1.84962	1.79699	1.93484	1.76692	1.78947	1.77945
云南	1.83960	1.58396	1.84211	1.54135	1.68672	1.86967	1.69173	1.63409	1.63659
浙江	1.98109	1.97689	1.97899	1.96429	1.96849	1.98319	1.93067	1.98109	1.97689
重庆	1.89369	1.74086	1.89701	1.81063	1.79402	1.87375	1.81395	1.77076	1.73422
均值	1.90175	1.86339	1.93688	1.82643	1.83759	1.91239	1.78842	1.84779	1.84430

注：B6-1 能上下楼梯(台阶)吗；B6-2 过去 12 个月，有没有摔倒过；B6-3 能不能在外面行走；B6-4 能自己乘坐公共交通工具吗；B6-5 能自己购物吗；B6-6 能管理自己的钱财吗；B6-7 能提起 10 斤重的东西吗；B6-8 能自己做饭吗；B6-9 能自己做家务吗。

3. 地区层面老年人 ADL、IADL 和身体健康总体的描述

(1)地区层面老年人 ADL 总体的平均得分

表 17 显示的是地区层面老年人 ADL 的平均得分，并按照平均得分的高低进行了排序。具体情况如下：28 个地区老年人 ADL 的平均得分是 21.20486，标准差是 2.49754；有 19 个地区的平均得分在 21 分以上，有 8 个地区的得分在 20~21 分之间，有 1 个地区的得分在 20 分以下；得分最高的是浙江，平均分为 21.76471，得分最低的是河北，平均分为 19.93266；15 个地区的平均得分在均值以上。表 17 还显示了 28 个地区 ADL 得分的标准差，结果显示：内蒙古的标准差最小，为 0.71181，说明在该省份内部，老年人之间在 ADL 上的差异性最小；

河北的标准差最大，为 4.62026，说明在该省份内部，老年人之间在 ADL 上的差异性最大。上述结果说明，总体而言河北的平均得分最低且差异性最大，说明在地区层面河北的老年人整体上在 ADL 指标上状况最差。

表 17　　**地区层面老年人 ADL 平均得分排序**

排序	地区	ADL 平均得分	ADL 标准差
1	浙江	21.76471	1.36393
2	广西	21.73643	1.24584
3	内蒙古	21.72000	0.71181
4	贵州	21.69697	1.84970
5	黑龙江	21.69449	1.61778
6	福建	21.64918	1.09042
7	广东	21.50375	1.58765
8	北京	21.47302	2.12687
9	天津	21.47118	2.11920
10	青海	21.45455	1.27193
11	安徽	21.45098	1.81383
12	湖南	21.38542	1.88262
13	甘肃	21.33000	1.99525
14	四川	21.30948	2.32825
15	江苏	21.30279	2.30593
16	江西	21.18489	2.67339
17	湖北	21.15604	2.40884
18	辽宁	21.14500	2.32217
19	重庆	21.00664	3.16438
20	吉林	20.99800	2.96262
21	上海	20.92754	3.26425
22	山东	20.87458	3.10605
23	山西	20.85069	3.67143
24	宁夏回族自治区	20.84848	2.73064

续表

排序	地区	ADL 平均得分	ADL 标准差
25	河南	20.79339	2.68710
26	陕西	20.65729	2.39876
27	云南	20.43358	3.14634
28	河北	19.93266	4.62026
整体均值		21.20486	
整体标准差			2.49754

(2)地区层面老年人 IADL 总体的平均得分

表 18 显示的是地区层面老年人 IADL 的平均得分，并按照平均得分的高低进行了排序。具体情况如下：28 个地区老年人 IADL 的平均得分是 16.75896，标准差是 2.80820；有 10 个地区的平均得分在 17 分以上，有 14 个地区的平均得分在 16~17 分之间，有 4 个地区的得分在 16 分以下；得分最高的是浙江，平均分为 17.74160，得分最低的是宁夏回族自治区，平均分为 14.09091；15 个地区的平均得分在均值以上。表 18 还显示了 28 个地区 IADL 得分的标准差，结果显示：内蒙古的标准差最小，为 1.14838，说明在该省份内部，老年人之间在 ADL 上的差异性最小；云南的标准差最大，为 4.62026，说明在该省份内部，老年人之间在 ADL 上的差异性最大；其次是宁夏回族自治区，标准差为 3.89162。上述结果说明，总体而言云南和宁夏回族自治区的平均得分最低且差异性最大，说明在地区层面云南和宁夏回族自治区的老年人整体上在 IADL 指标上状况最差。

通过比较 ADL 和 IADL 的平均得分发现：第一，除了浙江，大部分地区的 ADL 和 IADL 平均得分的排序都不一致，其中差异比较大有：北京(ADL 排序比 IADL 高 7 位)、天津(ADL 排序比 IADL 高 9 位)、安徽(ADL 排序比 IADL 低 9 位)、江西(ADL 排序比 IADL 低 7 位)和上海(ADL 排序比 IADL 低 9 位)，其中前两个省/市位于京津冀环渤海地区，后三个省/市位于或靠近华东地区；第二，ADL 的值域和平均值比 IADL 大，但在标准差上前者比后者小，这说明在地区之间老年人的日常生活自理能力(ADL)差异比工具性日常生活自理能力(IADL)差异小，这与已有的一些文献的研究结论类似(明艳，2009；赵学雁等，2017)。

表 18　　**地区层面老年人 IADL 平均得分排序**

排序	地区	IADL 平均得分	IADL 标准差
1	浙江	17. 74160	1. 31966
2	安徽	17. 54657	1. 67443
3	福建	17. 49508	1. 31320
4	广西	17. 47287	1. 54422
5	贵州	17. 39057	2. 06703
6	广东	17. 31273	2. 16694
7	黑龙江	17. 25876	2. 54685
8	内蒙古	17. 12000	1. 14838
9	江西	17. 05567	2. 41032
10	四川	17. 01664	2. 74039
11	江苏	16. 92829	2. 37393
12	上海	16. 92210	2. 74230
13	青海	16. 81818	2. 25589
14	湖南	16. 78333	2. 70446
15	北京	16. 77518	2. 45203
16	湖北	16. 73322	2. 92270
17	甘肃	16. 73000	2. 69134
18	天津	16. 66416	2. 84834
19	山东	16. 66054	2. 98014
20	辽宁	16. 61000	2. 62395
21	吉林	16. 36473	3. 22379
22	重庆	16. 32890	3. 43144
23	河南	16. 16694	3. 10845
24	山西	16. 09028	3. 78409
25	陕西	15. 76215	3. 22446
26	河北	15. 63300	3. 86294
27	云南	15. 32581	4. 10467
28	宁夏回族自治区	14. 09091	3. 89162
整体均值		16. 75896	
整体标准差			2. 80820

（3）地区层面老年人身体健康总体的平均得分

表 19 显示的是地区层面老年人身体健康状况整体（ADL 和 IADL 得分之和）的平均得分，并按照平均得分的高低进行了排序。具体情况如下：28 个地区老年人身体健康的平均得分是 37.96382，标准差是 4.90858；有 4 个地区的平均得分在 39 分以上，有 12 个地区的平均得分在 38~39 分之间，有 6 个地区的得分在 37~38 分之间，有 6 个地区的得分在 37 分以下；得分最高的是浙江，平均分为 39.50630，得分最低的是宁夏回族自治区，平均分为 34.93939；16 个地区的平均得分在均值以上。表 19 还显示了 28 个地区身体健康状况得分的标准差，结果显示：内蒙古的标准差最小，为 1.36862，说明在该省份内部，老年人之间在身体健康状况上的差异性最小；河北的标准差最大，为 8.16034，说明在该省份内部，老年人之间在身体健康上的差异性最大。

从身体健康总体上看：第一，浙江整体的老年人身体健康状况最好，宁夏回族自治区整体的老年人身体健康状况最差；第二，排名前三位的地区（浙江、广西和福建），标准差也相对较小；排名靠后的地区特别是平均得分在 37 分以下的地区（特别是山西、云南、河北和宁夏），标准差也相对较大。

表 19　　　　地区层面老年人身体健康总体平均得分排序

排序	地区	身体健康平均得分	身体健康的标准差
1	浙江	39.50630	2.62818
2	广西	39.20930	2.64479
3	福建	39.14426	2.14725
4	贵州	39.08754	3.72978
5	安徽	38.99755	3.29432
6	黑龙江	38.95326	3.97330
7	内蒙古	38.84000	1.36862
8	广东	38.81648	3.06955
9	四川	38.32612	4.81976
10	青海	38.27273	2.54277
11	北京	38.24820	4.28695

续表

排序	地区	身体健康平均得分	身体健康的标准差
12	江西	38. 24056	4. 88389
13	江苏	38. 23108	4. 47240
14	湖南	38. 16875	4. 22670
15	天津	38. 13534	4. 67558
16	甘肃	38. 06000	3. 29556
17	湖北	37. 88926	5. 12051
18	上海	37. 84964	4. 29589
19	辽宁	37. 75500	4. 73456
20	山东	37. 53512	5. 85915
21	吉林	37. 36273	5. 85901
22	重庆	37. 33555	6. 24476
23	河南	36. 96033	5. 54617
24	山西	36. 94097	7. 00323
25	陕西	36. 41944	5. 10586
26	云南	35. 75940	6. 78287
27	河北	35. 56566	8. 16034
28	宁夏回族自治区	34. 93939	6. 11759
整体均值		37. 96382	
整体标准差			4. 90858

二、地区层面老年人身体健康的聚类分析

1. 地区层面老年人身体健康的聚类分析方法

ADL 维度 B4-1 到 B4-11 一共有 11 个测量指标，聚类分析基于这 11 个指标展开；IADL 维度 B6-1 到 B6-9 一共有 9 个指标，聚类分析基于这 9 个指标展开。身体健康状况整体则将 ADL 和 IADL 作为两个整体予以考察，聚类分析基于这 2 个指标展开。根据本研究地区层面的数据，即分析对象为 28 个地区，聚类分析

时使用K-均值法，将28个省市分为三类(即类别数量采用事前确定的方法)。

2. 地区层面老年人身体健康的聚类分析结果

(1)老年人ADL的聚类分析结果

ADL的聚类分析结果详见表20。结果显示：最高档第一档(聚类结果为3)的地区有17个，分别是安徽、北京、福建、甘肃、广东、广西、贵州、黑龙江、湖北、湖南、江苏、江西、内蒙古、青海、四川、天津和浙江；中间档第二档(聚类结果为2)的地区有8个，分别是河南、吉林、辽宁、宁夏、山东、山西、上海和重庆；最低档第三档(聚类结果为1)的地区有3个，分别是河北、陕西和云南。

(2)老年人IADL的聚类分析结果

IADL的聚类分析结果详见表20。结果显示：最高档第一档(聚类结果为3)的地区有20个，分别是安徽、北京、福建、甘肃、广东、广西、贵州、黑龙江、湖北、湖南、江苏、江西、辽宁、内蒙古、青海、山东、上海、四川、天津和浙江；中间档第二档(聚类结果为2)的地区有7个，分别是河北、河南、吉林、山西、陕西、云南和重庆；最低档第三档(聚类结果为1)的地区只有宁夏。

(3)老年人身体健康状况总体的聚类分析结果

身体健康状况总体的聚类分析结果详见表20。结果显示：最高档第一档(聚类结果为3)的地区有19个，分别是安徽、北京、福建、甘肃、广东、广西、贵州、黑龙江、湖北、湖南、江苏、江西、辽宁、内蒙古、青海、上海、四川、天津和浙江；中间档第二档(聚类结果为2)的地区有8个，分别是河北、河南、吉林、山东、山西、陕西、云南和重庆；最低档第三档(聚类结果为1)的地区只有宁夏。

从表20的分析结果可以发现：第一，ADL、IADL和身体健康状况总体都处在最高档的地区共有17个，分别是安徽、北京、福建、甘肃、广东、广西、贵州、黑龙江、湖北、湖南、江苏、江西、内蒙古、青海、四川、天津和浙江；都处于中间档的有4个，分别是河南、吉林、山西和重庆；都处于最低档的没有；还有7个地区的聚类结果在三个维度上存在差异，分别是河北、辽宁、宁夏、山东、陕西、上海和云南。

表 20　　　　**28 个地区老年人身体健康的聚类分析结果**

	ADL 聚类	IADL 聚类	身体健康聚类
安徽	3	3	3
北京	3	3	3
福建	3	3	3
甘肃	3	3	3
广东	3	3	3
广西	3	3	3
贵州	3	3	3
河北	1	2	2
河南	2	2	2
黑龙江	3	3	3
湖北	3	3	3
湖南	3	3	3
吉林	2	2	2
江苏	3	3	3
江西	3	3	3
辽宁	2	3	3
内蒙古	3	3	3
宁夏	2	1	1
青海	3	3	3
山东	2	3	2
山西	2	2	2
陕西	1	2	2
上海	2	3	3
四川	3	3	3
天津	3	3	3
云南	1	2	2
浙江	3	3	3
重庆	2	2	2

第三节 地区层面老年人身体健康的影响因素分析

本节主要对28个地区的老年人身体健康状况的影响因素进行了分析(分析对象为地区，即样本量为28)，将ADL得分、IADL得分和二者得分之和分别作为因变量，运用多元线性回归模型，考察老年人的人口学特征对三个得分的影响状况。

一、地区层面老年人ADL的影响因素分析

1. 模型1

表21中模型1纳入了“居民人均可支配收入”“总抚养比”“老年人口抚养比”等地区层面影响因素，表格展示的是标准化回归系数。从模型1可以发现三个变量均未通过 $p<0.05$ 的显著性检验。

2. 模型2

表21模型2在模型1的基础上增加了“每千人卫生技术人员”“每千人口医疗卫生机构床位”“社区服务中心覆盖率”“每千老年人口养老床位数”等地区层面的影响因素。从模型2可以发现“社区服务中心覆盖率”“每千老年人口养老床位数”变量通过了 $p<0.05$ 的显著性检验。这一结果说明，地区层面的卫生健康状况和养老服务提供状况对老年人的日常活动能力有显著影响。

3. 模型3

表21模型3为全模型，在模型2的基础上增加了“移动电话普及率”“互联网普及率”“每万人拥有公共交通车辆”“人均公园绿地面积”等地区层面的影响因素。从模型3可以发现“每千人卫生技术人员”“社区服务中心覆盖率”“每千老年人口养老床位数”“互联网普及率”变量通过了 $p<0.05$ 的显著性检验，根据标准化回归系数的绝对值可以看出，影响力最大的是“社区服务中心覆盖率”(0.612)、其次是“互联网普及率”(0.584)，“每千老年人口养老床位数”最小

(0.345)。

在加入了"移动电话普及率""互联网普及率""每万人拥有公共交通车辆""人均公园绿地面积"等影响因素之后，变量"每千人卫生技术人员"由不显著变为了显著。同时，变量"社区服务中心覆盖率"的标准化回归系数绝对值变大了0.216，"每千老年人口养老床位数"的标准化回归系数绝对值变大了0.112。上述结果说明，在纳入了城市建设的有关影响因素之后，地区层面的卫生条件和养老服务提供状况对老年人日常活动能力的影响力变大了。

模型1到模型3，R方呈上升趋势，其中模型1到模型2的R方变化幅度较大(增加了16.8%)，模型2到模型3的R方变化幅度较小(增加了13.6%)，将所有变量都纳入后，整体上对老年人ADL的解释力是最高的，达到34.0%。

表21　　　　**地区层面老年人ADL的影响因素分析**

	模型1	模型2	模型3
居民人均可支配收入	0.167	−0.176	−0.370
总抚养比	−0.039	−0.171	−0.174
老年人口抚养比	−0.047	0.087	0.106
每千人卫生技术人员		−0.068	0.559**
每千人口医疗卫生机构床位		−0.115	−0.228
社区服务中心覆盖率		0.396**	0.612**
每千老年人口养老床位数		0.233**	0.345**
移动电话普及率			−1.032
互联网普及率			0.584**
每万人拥有公共交通车辆			−0.131
人均公园绿地面积			−0.138
	$R^2=0.036$	$R^2=0.204$	$R^2=0.340$

注：**表示 $p<0.05$。

二、地区层面老年人 IADL 的影响因素分析

1. 模型 1

表 22 模型 1 纳入了“居民人均可支配收入”“总抚养比”“老年人口抚养比”等地区层面影响因素，表格里是标准化回归系数。从模型 1 可以发现：“居民人均可支配收入”变量通过 $p<0.05$ 的显著性检验，说明地区层面的经济发展状况越好，老年人的工具性日常活动能力水平越高。

2. 模型 2

表 22 模型 2 在模型 1 的基础上增加了“每千人卫生技术人员”“每千人口医疗卫生机构床位”“社区服务中心覆盖率”“每千老年人口养老床位数”等地区层面的影响因素，表格里面数值展示的是标准化回归系数。从模型 2 可以发现：“老年人口抚养比”“每千老年人口养老床位数”变量通过了 $p<0.05$ 的显著性检验，说明地区层面的人口年龄结构和养老服务提供状况对老年人的工具性日常活动能力有显著影响。

3. 模型 3

表 22 模型 3 是全模型，在模型 2 的基础上增加了“移动电话普及率”“互联网普及率”“每万人拥有公共交通车辆”“人均公园绿地面积”等地区层面的影响因素。从模型 3 可以发现：“老年人口抚养比”“每千人口医疗卫生机构床位”“社区服务中心覆盖率”“每千老年人口养老床位数”“互联网普及率”等变量通过了 $p<0.05$ 的显著性检验，根据标准化回归系数的绝对值可以看出，影响力最大的是“互联网普及率”(0.762)，其次是“老年人口抚养比”(0.464)，“每千人口医疗卫生机构床位”最小(0.395)。

在加入了“移动电话普及率”“互联网普及率”“每万人拥有公共交通车辆”“人均公园绿地面积”等影响因素之后，变量“每千人口医疗卫生机构床位”由不显著变为了显著；“社区服务中心覆盖率”由不显著变为了显著。同时，变量“社区服务中心覆盖率”的标准化回归系数绝对值变大了 0.231，“每千老年人口养老床位

数”的标准化回归系数绝对值变大了 0.247。上述结果说明，在纳入了城市建设的有关影响因素之后，地区层面的卫生条件和养老服务提供状况对老年人工具性日常活动能力的影响力变大了。

模型 1 到模型 3，R 方呈上升趋势，其中模型 1 到模型 2 的 R 方变化幅度较小(增加了 14.6%)，模型 2 到模型 3 的 R 方变化幅度较大(增加了 17.9%)，将所有变量都纳入后，整体上对老年人 IADL 的解释力是最高的，达到 43.7%。

表 22　　**地区层面老年人 IADL 的影响因素分析**

	模型 1	模型 2	模型 3
居民人均可支配收入	0.280**	0.175	-0.444
总抚养比	0.123	-0.039	-0.004
老年人口抚养比	0.164	0.313**	0.464**
每千人卫生技术人员		-0.309	0.305
每千人口医疗卫生机构床位		-0.199	-0.395**
社区服务中心覆盖率		0.231	0.462**
每千老年人口养老床位数		0.207**	0.454**
移动电话普及率			-0.674
互联网普及率			0.762**
每万人拥有公共交通车辆			-0.265
人均公园绿地面积			-0.375
	$R^2=0.112$	$R^2=0.258$	$R^2=0.437$

注：**表示 $p<0.05$。

三、地区层面老年人身体健康整体的影响因素分析

1. 模型 1

表 23 模型 1 纳入了“居民人均可支配收入”“总抚养比”“老年人口抚养比”等地区层面影响因素，表格里是标准化回归系数。从模型 1 可以发现“居民人均可

支配收入”变量通过 $p<0.05$ 的显著性检验，说明地区层面的经济发展状况越好，老年人身体健康整体状况越好。

2. 模型 2

表 23 模型 2 在模型 1 的基础上增加了“每千人卫生技术人员”“每千人口医疗卫生机构床位”“社区服务中心覆盖率”“每千老年人口养老床位数”等地区层面的影响因素。从模型 2 可以发现“社区服务中心覆盖率”“每千老年人口养老床位数”变量通过了 $p<0.05$ 的显著性检验，说明地区层面的卫生健康状况和养老服务提供状况对老年人身体健康整体状况有显著影响。

3. 模型 3

表 23 模型 3 为全模型，在模型 2 的基础上增加了“移动电话普及率”“互联网普及率”“每万人拥有公共交通车辆”“人均公园绿地面积”等地区层面的影响因素。从模型 3 可以发现：“老年人口抚养比”“每千人口医疗卫生机构床位”“社区服务中心覆盖率”“每千老年人口养老床位数”“互联网普及率”等变量通过了 $p<0.05$ 的显著性检验，根据标准化回归系数的绝对值可以看出，影响力最大的是“互联网普及率”(0.738)，其次是“社区服务中心覆盖率”(0.546)，“老年人口抚养比”和“每千人口医疗卫生机构床位”最小(0.354)。

在加入了“移动电话普及率”“互联网普及率”“每万人拥有公共交通车辆”“人均公园绿地面积”等影响因素之后，变量“老年人口抚养比”由不显著变为了显著；“每千人口医疗卫生机构床位”由不显著变为了显著。同时，变量“社区服务中心覆盖率”的标准化回归系数绝对值变大了 0.239，“每千老年人口养老床位数”的回归系数绝对值变大了 0.21，上述结果说明：在纳入了城市建设的有关影响因素之后，地区层面的卫生条件和养老服务提供状况对老年人身体健康整体状况的影响力变大了。

模型 1 到模型 3，R 方呈上升趋势，其中模型 1 到模型 2 的 R 方变化幅度较小(增加了 15.2%)，模型 2 到模型 3 的 R 方变化幅度较大(增加了 17.5%)，将所有变量都纳入后，整体上对老年人身体健康整体状况的解释力是最高的，达到 39.9%。

表 23 **地区层面老年人身体健康整体的影响因素分析**

	模型 1	模型 2	模型 3
居民人均可支配收入	0. 253**	0. 052	−0. 441
总抚养比	0. 069	−0. 091	−0. 069
老年人口抚养比	0. 093	0. 245	0. 354**
每千人卫生技术人员		−0. 235	0. 419
每千人口医疗卫生机构床位		−0. 178	−0. 354**
社区服务中心覆盖率		0. 307**	0. 546**
每千老年人口养老床位数		0. 229**	0. 439**
移动电话普及率			−0. 850
互联网普及率			0. 738**
每万人拥有公共交通车辆			−0. 229
人均公园绿地面积			−0. 306
	$R^2=0.072$	$R^2=0.224$	$R^2=0.399$

注：**表示 $p<0.05$。

第七章　地区层面的成功老龄化：老年人的心理认知

第一节　地区层面老年人心理认知状况概况

一、地区层面老年人认知能力得分与人口学特征的交互分析

2016 年 CLASS 调查，涉及了中国 28 个省/市/自治区，地区层面的数据构建都是基于这 28 个地区，分别计算每个地区认知能力的平均得分，后文如没有特别说明，都是指的地区平均得分，不再赘述。

1. 地区层面老年人认知能力得分的城乡差异

表 1 显示的是地区层面老年人认知能力得分的城乡差异，结果显示：从总体上看，得分最高的是辽宁农村老年人的认知能力得分，为 8.00000，得分最低的是江苏城市老年人的认知能力得分，为 5.10000 分，二者之差为 2.90000 分；分类别来看，在城市这一类别，得分最高的是江苏(7.85294)，得分最低的是安徽(5.10000)，二者之差为 2.75294；在镇这一类别，得分最高的是吉林(7.70833)，得分最低的是陕西(5.50000)；二者之差为 2.20833；在农村这一类别，得分最高的是辽宁(8.00000)，得分最低的是宁夏(5.62745)，二者之差为 2.37255。上述结果说明在城市这个类别上地区之间认知能力得分的差异最大。

表 1　　地区层面老年人认知能力得分的城乡差异

	城	镇	农村
安徽	5.10000	7.50980	6.37785
北京	7.57115	7.64000	—
福建	6.65169	7.11538	7.65347
甘肃	7.32000	7.16000	6.82000
广东	7.52591	7.54167	7.47297
广西	7.00000	7.45000	6.51394
贵州	7.14525	6.90000	6.16667
河北	7.01020	—	6.48241
河南	7.08252	5.50685	6.55521
黑龙江	7.21678	6.20000	6.92409
湖北	7.05346	7.66667	6.34944
湖南	7.51515	—	7.13655
吉林	7.70968	7.70833	7.16300
江苏	7.85294	5.59259	6.91139
江西	7.41935	6.85938	6.81532
辽宁	7.64571	6.80000	8.00000
内蒙古	7.68000	—	7.00000
宁夏	5.70833	—	5.62745
青海	7.51351	—	7.28000
山东	6.87869	6.66667	6.67931
山西	6.75145	7.30769	6.74510
陕西	6.86441	5.50000	6.45018
上海	7.01268	—	—
四川	6.82450	7.30000	6.49799
天津	7.21053	—	—
云南	7.50000	7.04000	6.82474
浙江	7.24668	—	7.20202
重庆	6.41333	5.88000	6.07960

注："—"表示缺失值。

2. 地区层面老年人认知能力得分的年龄差异

表2显示的是地区层面老年人认知能力得分的年龄差异，结果显示：从总体上看，得分最高的是辽宁60~69岁老年人的认知能力得分，为7.92727，得分最低的是宁夏80岁及以上老年人的认知能力得分，为4.60000分，二者之差为3.32727分；分类别来看，在60~69岁这一类别，得分最高的是辽宁(7.92727)，得分最低的是宁夏(6.08696)，二者之差为1.84031；在70~79岁这一类别，得分最高的是内蒙古(7.63158)，得分最低的是宁夏(5.46512)；二者之差为2.16646；在80岁及以上这一类别，得分最高的是广西(7.75000)，得分最低的是宁夏(4.60000)，二者之差为3.15000。上述结果说明在80岁及以上这个类别上地区之间认知能力得分的差异最大。

表2　　地区层面老年人认知能力得分的年龄差异

	60~69岁	70~79岁	80岁及以上
安徽	6.56311	6.54167	5.20690
北京	7.86971	7.51190	6.60494
福建	7.02475	7.01042	7.14286
甘肃	6.78333	7.10169	7.23810
广东	7.61373	7.45000	7.15702
广西	6.77917	6.52518	7.75000
贵州	7.09677	6.52632	6.07143
河北	7.15301	6.15476	5.03333
河南	7.19713	6.35887	5.29487
黑龙江	7.29440	6.66667	6.15094
湖北	7.18256	6.26816	5.24000
湖南	7.52555	7.23490	6.54386
吉林	7.68710	7.20270	6.68293
江苏	7.41361	7.31220	7.00943
江西	7.33333	6.97297	6.32877
辽宁	7.92727	7.62121	6.66667

续表

	60~69 岁	70~79 岁	80 岁及以上
内蒙古	7. 11429	7. 63158	6. 72727
宁夏	6. 08696	5. 46512	4. 60000
青海	7. 25581	7. 54286	7. 71429
山东	7. 25000	6. 63850	5. 63441
山西	7. 07432	6. 61111	5. 93750
陕西	6. 79736	6. 34127	5. 97368
上海	7. 01724	7. 03488	6. 95556
四川	7. 05319	6. 64141	6. 11570
天津	7. 48163	7. 07895	5. 92500
云南	7. 11458	6. 97842	6. 42647
浙江	7. 41346	7. 25309	6. 86792
重庆	6. 59119	6. 06000	4. 66667

3. 地区层面老年人认知能力得分的性别差异

表 3 显示的是地区层面老年人认知能力得分的性别差异，结果显示：从总体上看，得分最高的是辽宁男性老年人的认知能力得分，为 7. 70408，得分最低的是宁夏女性老年人的认知能力得分，为 5. 53191 分，二者之差为 2. 17217 分；分类别来看，在男性这一类别，得分最高的是辽宁(7. 70408)，得分最低的是宁夏(5. 78846)，二者之差为 1. 91562；在女性这一类别，得分最高的仍是辽宁(7. 64706)，得分最低的仍是宁夏(5. 53191)；二者之差为 2. 11515。上述结果说明在女性这个类别上地区之间认知能力得分的差异最大。

表 3　　　　地区层面老年人认知能力得分的性别差异

	男	女
安徽	6. 50000	6. 22816
北京	7. 52062	7. 60665
福建	7. 07143	6. 96350

续表

	男	女
甘肃	6. 88000	6. 97000
广东	7. 52874	7. 38462
广西	6. 57282	6. 86188
贵州	7. 01987	6. 53425
河北	6. 81928	6. 45038
河南	6. 85227	6. 26877
黑龙江	7. 18367	6. 80193
湖北	6. 83553	6. 65068
湖南	7. 43265	7. 20000
吉林	7. 46154	7. 46032
江苏	7. 46491	7. 13869
江西	7. 10314	7. 06429
辽宁	7. 70408	7. 64706
内蒙古	7. 22222	7. 10870
宁夏	5. 78846	5. 53191
青海	7. 49153	7. 40000
山东	7. 00000	6. 53381
山西	7. 12698	6. 50000
陕西	6. 64655	6. 45912
上海	6. 93385	7. 08136
四川	6. 88028	6. 59306
天津	7. 23137	7. 17361
云南	7. 01546	6. 88780
浙江	7. 37745	7. 13235
重庆	6. 39264	5. 85507

4. 地区层面老年人认知能力得分的婚姻状况差异

表 4 显示的是地区层面老年人认知能力得分的婚姻状况差异，结果显示：从总体上看，得分最高的是河南、湖北、湖南、吉林、内蒙古、青海、山东离婚老

年人和黑龙江、浙江、云南未婚老年人的认知能力得分，为 8.00000，得分最低的是云南离婚老年人的认知能力得分，为 2.00000 分，二者之差为 6.00000 分；分类别来看，在已婚有配偶这一类别，得分最高的是辽宁(7.80808)，得分最低的是宁夏(5.85714)，二者之差为 1.95094；在丧偶这一类别，得分最高的是青海(7.37931)，得分最低的是宁夏(5.20690)；二者之差为 2.17241；在离婚这一类别，得分最高的是河南、湖北、湖南、吉林、内蒙古、青海、山东(8.00000)，得分最低的是云南(2.00000)，二者之差为 6.00000；在未婚这一类别，得分最高的是黑龙江、浙江、云南(8.00000)，得分最低的是河北、江苏(5.00000)，二者之差为 3.00000。上述结果说明在离婚这个类别上地区之间认知能力得分的差异最大。

表 4　　地区层面老年人认知能力得分的婚姻状况差异

	已婚有配偶	丧偶	离婚	未婚
安徽	6.64982	5.75200	6.50000	5.50000
北京	7.67874	7.25926	7.71429	—
福建	7.04059	6.88235	—	—
甘肃	6.95775	6.82692	7.50000	6.75000
广东	7.49600	7.34899	7.33333	7.75000
广西	6.69966	6.81667	7.28571	6.40741
贵州	7.02525	6.27835	7.00000	
河北	7.04167	5.63291	6.00000	5.00000
河南	6.87317	6.08065	8.00000	5.12500
黑龙江	7.22523	6.53020	6.75000	8.00000
湖北	6.94614	6.20732	8.00000	6.66667
湖南	7.42978	6.96667	8.00000	—
吉林	7.64832	7.06832	8.00000	7.00000
江苏	7.31548	7.26087	7.00000	5.00000
江西	7.22933	6.63415	7.25000	6.00000

续表

	已婚有配偶	丧偶	离婚	未婚
辽宁	7.80808	7.29167	7.00000	7.66667
内蒙古	7.11268	7.28571	8.00000	—
宁夏	5.85714	5.20690	—	—
青海	7.47826	7.37931	8.00000	—
山东	6.99517	6.29545	8.00000	6.14286
山西	7.00000	6.21250	6.50000	—
陕西	6.68182	6.33858	—	—
上海	7.02709	7.01418	5.80000	—
四川	6.91710	6.33990	7.66667	6.83333
天津	7.36111	6.50725	7.20000	7.00000
云南	7.12551	6.68667	2.00000	8.00000
浙江	7.36533	6.94631	7.66667	8.00000
重庆	6.33971	5.66667	6.66667	5.80000

注："—"表示缺失值。

5. 地区层面老年人认知能力得分的受教育程度差异

表5显示的是地区层面老年人认知能力得分的受教育程度差异，结果显示：从总体上看，得分最高的是宁夏初中老年人和江苏、内蒙古、青海、云南高中及以上老年人的认知能力得分，为8.00000，得分最低的是宁夏小学及以下老年人的认知能力得分，为5.00000分，二者之差为3.00000分；分类别来看，在小学及以下这一类别，得分最高的是青海(7.88889)，得分最低的是宁夏(5.00000)，二者之差为2.88889；在初中这一类别，得分最高的是宁夏(8.00000)，得分最低的是重庆市(6.66667)，二者之差为1.33333；在高中及以上这一类别，得分最高的是江苏、内蒙古、青海、云南(8.00000)，得分最低的是宁夏(5.50000)，二者之差为2.50000。上述结果说明在小学及以下这个类别上地区之间认知能力得分的差异最大。

表 5　　地区层面老年人认知能力得分的受教育程度差异

	小学及以下	初中	高中及以上
安徽	6.08671	7.09091	7.18182
北京	7.15714	7.67470	7.81579
福建	6.78698	7.00000	7.75000
甘肃	6.63636	6.30000	6.00000
广东	7.25000	7.00000	7.50000
广西	—	—	—
贵州	6.85000	7.02439	7.77778
河北	7.07792	7.42500	7.35000
河南	6.39409	7.58889	7.96296
黑龙江	7.13025	7.28448	6.60000
湖北	6.50679	7.19048	7.50000
湖南	7.32381	7.67647	7.86667
吉林	7.63436	7.74074	7.64407
江苏	7.15741	7.93750	8.00000
江西	6.76429	7.75926	7.51429
辽宁	7.48872	7.81679	7.84375
内蒙古	7.00000	7.16667	8.00000
宁夏	5.00000	8.00000	5.50000
青海	7.88889	7.75000	8.00000
山东	6.65169	7.29032	7.40000
山西	6.47674	7.26923	7.50000
陕西	6.39227	7.08696	7.31579
上海	7.17391	7.48485	7.00000
四川	6.61446	7.19048	7.77778
天津	7.16667	7.68539	6.90476
云南	7.16667	7.84615	8.00000
浙江	7.03226	7.52703	7.47619
重庆	6.69565	6.66667	—

注：“—”表示缺失值。

6. 地区层面老年人认知能力得分的经济状况差异

表6显示的是地区层面老年人认知能力得分的经济状况差异，结果显示：从总体上看，得分最高的是内蒙古0~1999元老年人的认知能力得分，为8.00000，得分最低的是宁夏10000~29999元老年人的认知能力得分，为5.30000分，二者之差为2.70000分；分类别来看，在0~1999元这一类别，得分最高的是内蒙古(8.00000)，得分最低的是宁夏(5.41667)，二者之差为2.58333；在2000~9999元这一类别，得分最高的是福建(7.73913)，得分最低的是宁夏(5.75000)；二者之差为1.98913；在10000~29999元这一类别，得分最高的是吉林(7.80645)，得分最低的是宁夏(5.30000)，二者之差为2.50645；在30000~59999元这一类别，得分最高的是江苏(7.81890)，得分最低的是宁夏(6.50000)，二者之差为1.31890；在60000元及以上这一类别，得分最高的是内蒙古(7.75000)，得分最低的是云南(5.37313)，二者之差为2.37687。上述结果说明在0~1999元这个类别上地区之间认知能力得分的差异最大。

表6　**地区层面老年人认知能力得分的经济状况差异**

	0~1999元	2000~9999元	10000~29999元	30000~59999元	60000元及以上
安徽	5.66667	6.00957	7.11429	7.03030	7.18182
北京	7.71429	7.51034	7.65000	7.61736	7.50685
福建	7.94444	7.73913	7.32857	7.81818	6.67760
甘肃	7.08929	6.87097	6.38889	7.26667	6.88750
广东	7.32258	7.17073	7.31250	7.58369	7.42424
广西	6.10526	7.09091	6.08333	7.25000	6.73282
贵州	5.62500	6.09091	6.78070	7.24742	7.58333
河北	6.61702	6.69118	7.16667	7.53125	6.19444
河南	6.10983	6.46825	7.30233	7.24528	6.45161
黑龙江	6.85714	6.93082	7.53202	7.32353	6.58286
湖北	6.10145	6.67213	7.17766	7.40000	6.33784
湖南	7.25833	6.97753	7.50000	7.81250	6.66667
吉林	7.47273	7.27753	7.80645	7.59184	7.27273

续表

	0~1999 元	2000~9999 元	10000~29999 元	30000~59999 元	60000 元及以上
江苏	7.03636	6.75000	7.48980	7.81890	7.22222
江西	7.65217	7.26087	7.32000	7.50000	6.94886
辽宁	7.50000	7.40000	7.69159	7.72650	7.64286
内蒙古	8.00000	6.88235	7.12821	6.92000	7.75000
宁夏	5.41667	5.75000	5.30000	6.50000	5.78378
青海	7.38889	7.54545	7.64516	7.00000	6.50000
山东	6.37079	6.50962	7.33333	6.90805	7.11043
山西	6.25581	6.68605	7.13953	7.51020	6.44776
陕西	6.78986	6.61404	7.18750	7.05263	5.84091
上海	6.57778	7.01471	6.91333	7.20442	7.00926
四川	6.54938	6.47959	6.67355	7.42169	7.31250
天津	6.75000	7.20000	7.62963	7.13793	7.58696
云南	7.25137	7.17778	7.43750	7.48148	5.37313
浙江	6.66667	6.77586	7.21088	7.37500	7.32653
重庆	5.82645	6.44615	6.24675	7.36364	6.07407

7. 地区层面老年人认知能力得分的健在子女子女数量差异

表 7 显示的是地区层面老年人认知能力得分的健在子女数量差异，结果显示：从总体上看，得分最高的是北京、黑龙江、湖北、吉林、辽宁、天津、浙江 0 个健在子女老年人的认知能力得分，为 8.00000，得分最低的是河南、山西、四川 0 个健在子女老年人的认知能力得分，为 3.00000 分，二者之差为 5.00000 分；分类别来看，在 0 个健在子女这一类别，得分最高的是北京、黑龙江、湖北、吉林、辽宁、天津、浙江（8.00000），得分最低的是河南、山西、四川（3.00000），二者之差为 5.00000；在 1 个健在子女这一类别，得分最高的是辽宁(7.89744)，得分最低的是宁夏(6.00000)；二者之差为 1.89744；在 2 个健在子女这一类别，得分最高的是辽宁(7.80303)，得分最低的是重庆市(6.22449)，二者之差为 1.57854；在 3 个及以上健在子女这一类别，得分最高的是广西

(7.67442)，得分最低的是宁夏(5.59302)，二者之差为2.08140。上述结果说明在0个健在子女这个类别上地区之间认知能力得分的差异最大。

表7　　地区层面老年人认知能力得分的健在子女子女数量差异

	0个	1个	2个	3个及以上
安徽	—	6.96970	6.68932	6.20229
北京	8.00000	7.79771	7.55866	7.05714
福建	6.28571	6.75325	7.27536	7.64000
甘肃	—	7.25926	6.89333	6.85263
广东	6.00000	7.59509	7.42308	7.36000
广西	7.50000	6.12963	7.38710	7.67442
贵州	6.00000	7.12698	6.93750	6.56209
河北	—	7.40000	7.04587	6.11679
河南	5.00000	7.33333	6.90303	6.41129
黑龙江	8.00000	7.08621	7.31439	6.75940
湖北	8.00000	7.39216	7.03863	6.41176
湖南	6.00000	7.16667	7.31544	7.34000
吉林	8.00000	7.74747	7.76552	7.17073
江苏	7.00000	7.46067	7.20690	7.31004
江西	—	7.25000	6.85811	7.16236
辽宁	8.00000	7.89744	7.80303	7.37857
内蒙古	7.33333	7.52381	7.07692	7.00000
宁夏	—	6.00000	6.50000	5.59302
青海	6.50000	7.42105	7.26667	7.60870
山东	6.00000	6.68966	7.09545	6.61940
山西	5.00000	6.65385	6.84810	6.77222
陕西	6.50000	6.66667	6.84762	6.45600
上海	7.00000	6.92045	7.22840	6.92388
四川	5.00000	6.82857	6.85561	6.60687
天津	8.00000	7.48744	7.19084	6.36842
云南	6.50000	7.23810	7.11494	6.87847
浙江	8.00000	7.48148	7.30508	6.96203
重庆	—	6.00000	6.22449	6.13068

注：“—”表示缺失值。

从总体上看，在地区层面老年人认知能力指标的得分上，最高分与最低分之间的差值最大的是“婚姻状况”(6.00000)，差值最小的是“性别”(2.17217)，可以看出老年人在“婚姻状况”指标上认知能力得分差异最大，在“性别”指标上差异最小。

二、地区层面老年人主观感受得分与人口学特征的交互分析

1. 地区层面老年人主观感受得分的城乡差异

表 8 显示的是地区层面老年人主观感受得分的城乡差异，结果显示：从总体上看，得分最高的是江苏城市老年人的主观感受得分，为 14.52521，得分最低的是宁夏城市老年人的主观感受得分，为 8.56250 分，二者之差为 5.96271 分；分类别来看，在城市这一类别，得分最高的是江苏(14.52521)，得分最低的是宁夏(8.56250)，二者之差为 5.96271；在镇这一类别，得分最高的是北京(14.18000)，得分最低的是湖北(9.44444)；二者之差为 4.73556；在农村这一类别，得分最高的是广西(13.70916)，得分最低的是宁夏(8.96078)，二者之差为 4.74838。上述结果说明在城市这个类别上地区之间主观感受得分的差异最大。

表 8　　　　地区层面老年人主观感受得分的城乡差异

	城	镇	农村
安徽	10.44000	9.62745	10.31270
北京	12.32806	14.18000	—
福建	11.61236	10.92308	10.19802
甘肃	9.36000	9.60000	10.04000
广东	11.76684	10.83333	12.39189
广西	13.12931	13.35000	13.70916
贵州	10.53073	10.20000	10.09259
河北	12.46939	—	11.32663
河南	10.80583	11.42466	10.23620
黑龙江	10.91958	11.70000	10.86139

续表

	城	镇	农村
湖北	10.61950	9.44444	10.02602
湖南	11.35065	—	11.04418
吉林	12.24194	12.16667	10.15859
江苏	14.52521	10.29630	11.72574
江西	11.79724	10.84375	11.00000
辽宁	12.66286	12.20000	12.31111
内蒙古	14.20000	—	9.80000
宁夏	8.56250	—	8.96078
青海	10.51351	—	9.80000
山东	11.07869	11.00000	11.72069
山西	11.84393	13.38462	10.30392
陕西	11.40678	12.50000	11.22509
上海	11.50543	—	—
四川	10.85430	10.38000	9.72289
天津	13.57143	—	—
云南	12.79310	12.24000	11.40893
浙江	10.80902	—	10.90909
重庆	10.25333	10.12000	9.68657

注："—"表示缺失值。

2. 地区层面老年人主观感受得分的年龄差异

表9显示的是地区层面老年人主观感受得分的年龄差异，结果显示：从总体上看，得分最高的是天津60~69岁老年人的主观感受得分，为13.92245，得分最低的是宁夏80岁及以上老年人的主观感受得分，为8.10000分，二者之差为5.82245分；分类别来看，在60~69岁这一类别，得分最高的是天津(13.92245)，得分最低的是宁夏(9.30435)，二者之差为4.61810；在70~79岁这一类别，得分最高的是广西(13.86331)，得分最低的是宁夏(8.34884)；二者

之差为 5.51447；在 80 岁及以上这一类别，得分最高的是广西(13.00000)，得分最低的是宁夏(8.10000)，二者之差为 4.90000。上述结果说明在 70~79 岁这个类别上地区之间主观感受得分的差异最大。

表 9　　**地区层面老年人主观感受得分的年龄差异**

	60~69 岁	70~79 岁	80 岁及以上
安徽	10.52913	9.75000	10.44828
北京	12.95765	12.22619	11.29630
福建	10.74752	11.71875	12.14286
甘肃	9.64167	10.61017	9.38095
广东	12.65236	11.46111	11.33058
广西	13.33333	13.86331	13.00000
贵州	10.45806	10.28070	10.14286
河北	12.21311	11.02381	10.50000
河南	11.10753	10.35484	9.35897
黑龙江	11.07786	10.60741	10.30189
湖北	10.72480	9.98324	8.72000
湖南	11.62774	10.93289	9.77193
吉林	11.48710	11.00676	10.82927
江苏	13.19372	13.18049	12.18868
江西	11.95035	10.47973	10.61644
辽宁	13.14091	12.12879	11.56250
内蒙古	11.12857	11.10526	9.09091
宁夏	9.30435	8.34884	8.10000
青海	10.11628	10.54286	10.42857
山东	12.22603	10.99061	9.67742
山西	11.35135	11.43519	11.21875
陕西	11.50661	11.15873	10.39474
上海	11.64138	11.13372	11.77778
四川	10.57801	10.24747	9.96694

续表

	60~69 岁	70~79 岁	80 岁及以上
天津	13. 92245	13. 57895	11. 40000
云南	11. 93750	12. 06475	10. 36765
浙江	10. 97115	10. 65432	10. 82075
重庆	10. 09434	9. 75000	9. 26190

3. 地区层面老年人主观感受得分的性别差异

表 10 显示的是地区层面老年人主观感受得分的性别差异，结果显示：从总体上看，得分最高的是天津男性老年人的主观感受得分，为 13. 84706，得分最低的是宁夏女性老年人的主观感受得分，为 8. 38298 分，二者之差为 5. 46408 分；分类别来看，在男性这一类别，得分最高的是天津(13. 84706)，得分最低的是宁夏(9. 11538)，二者之差为 4. 73168；在女性这一类别，得分最高的是广西(13. 56906)，得分最低的是宁夏(8. 38298)；二者之差为 5. 18608。上述结果说明在女性这个类别上地区之间主观感受得分的差异最大。

表 10　　**地区层面老年人主观感受得分的性别差异**

	男	女
安徽	10. 26733	10. 21845
北京	12. 18041	12. 67590
福建	11. 14881	11. 00730
甘肃	9. 82000	9. 98000
广东	11. 74713	12. 14652
广西	13. 47087	13. 56906
贵州	10. 37086	10. 34932
河北	12. 06627	11. 24427
河南	10. 85511	10. 18182
黑龙江	11. 07143	10. 58454
湖北	10. 61842	10. 03767

续表

	男	女
湖南	11. 38367	10. 99149
吉林	11. 69231	10. 89683
江苏	13. 24561	12. 75182
江西	10. 90135	11. 66071
辽宁	12. 65306	12. 58333
内蒙古	10. 83333	10. 97826
宁夏	9. 11538	8. 38298
青海	10. 30508	10. 37500
山东	11. 70662	11. 03203
山西	11. 84921	10. 99383
陕西	11. 63793	10. 77358
上海	11. 20623	11. 76610
四川	10. 34155	10. 35016
天津	13. 84706	13. 08333
云南	12. 10309	11. 34634
浙江	10. 86765	10. 80147
重庆	10. 03067	9. 66667

4. 地区层面老年人主观感受得分的婚姻状况差异

表 11 显示的是地区层面老年人主观感受得分的婚姻状况差异，结果显示：从总体上看，得分最高的是内蒙古离婚老年人的主观感受得分，为 18. 00000，得分最低的是河北离婚老年人的主观感受得分，为 5. 00000 分，二者之差为 13. 00000 分；分类别来看，在已婚有配偶这一类别，得分最高的是天津（14. 00926），得分最低的是宁夏（9. 17143），二者之差为 4. 83783；在丧偶这一类别，得分最高的是广西（13. 20000），得分最低的是宁夏（7. 7931）；二者之差为 5. 4069；在离婚这一类别，得分最高的是内蒙古（18. 00000），得分最低的是河北（5. 00000），二者之差为 13. 00000；在未婚这一类别，得分最高的是广西

(12.66667)，得分最低的是黑龙江(6.50000)，二者之差为6.16667。上述结果说明在离婚这个类别上地区之间主观感受得分的差异最大。

表11　　地区层面老年人主观感受得分的婚姻状况差异

	已婚有配偶	丧偶	离婚	未婚
安徽	10.34657	10.07200	11.00000	8.00000
北京	12.78502	11.65926	11.42857	—
福建	11.17712	10.35294	—	—
甘肃	9.85915	10.11538	7.50000	9.75000
广东	12.01333	11.84564	11.00000	11.50000
广西	13.65870	13.20000	13.57143	12.66667
贵州	10.37879	10.28866	12.00000	—
河北	12.08796	10.77215	5.00000	9.00000
河南	10.95122	9.80108	10.00000	9.25000
黑龙江	11.20946	10.03356	11.50000	6.50000
湖北	10.74473	9.29878	10.50000	8.33333
湖南	11.46067	10.38333	11.50000	—
吉林	11.71560	10.47826	11.00000	9.75000
江苏	13.17857	12.61491	12.33333	9.00000
江西	11.80800	9.84553	12.00000	9.00000
辽宁	13.08081	11.37500	8.75000	11.66667
内蒙古	10.84507	10.78571	18.00000	—
宁夏	9.17143	7.79310	—	—
青海	10.21739	10.55172	12.00000	—
山东	11.87440	10.35795	9.00000	9.00000
山西	11.79412	10.28750	11.25000	—
陕西	11.78030	10.25984	—	—
上海	11.38916	11.87943	10.40000	—
四川	10.51813	10.00000	11.83333	9.50000
天津	14.00926	11.69565	12.40000	7.00000

续表

	已婚有配偶	丧偶	离婚	未婚
云南	12.18219	10.98000	9.00000	9.00000
浙江	11.01548	10.43624	10.66667	10.00000
重庆	10.04785	9.22619	13.33333	10.80000

注："—"表示缺失值。

5. 地区层面老年人主观感受得分的受教育程度差异

表12显示的是地区层面老年人主观感受得分的受教育程度差异，结果显示：从总体上看，得分最高的是宁夏初中老年人的主观感受得分，为17.00000，得分最低的是内蒙古初中老年人的主观感受得分，为9.16667分，二者之差为7.83333分；分类别来看，在小学及以下这一类别，得分最高的是天津(13.71429)，得分最低的是宁夏(10.00000)，二者之差为3.71429；在初中这一类别，得分最高的是宁夏(17.00000)，得分最低的是内蒙古(9.16667)，二者之差为7.83333；在高中及以上这一类别，得分最高的是天津(15.19048)，得分最低的是内蒙古(9.33333)，二者之差为5.85715。上述结果说明在初中这个类别上地区之间主观感受得分的差异最大。

表12 **地区层面老年人主观感受得分的受教育程度差异**

	小学及以下	初中	高中及以上
安徽	10.45665	10.36364	10.18182
北京	11.42857	12.55422	12.58772
福建	10.99408	10.87500	12.25000
甘肃	10.63636	8.80000	8.66667
广东	12.12500	12.50000	13.50000
广西	—	—	—
贵州	10.33333	9.97561	10.94444
河北	12.18182	12.50000	12.35000

续表

	小学及以下	初中	高中及以上
河南	10. 22660	11. 28889	11. 96296
黑龙江	11. 10504	10. 81034	12. 46667
湖北	10. 42081	10. 47619	10. 50000
湖南	11. 34286	11. 85294	11. 46667
吉林	10. 77533	12. 35185	12. 18644
江苏	12. 78704	14. 25000	14. 93333
江西	10. 75000	12. 00000	12. 02857
辽宁	12. 42857	13. 00763	12. 34375
内蒙古	11. 40000	9. 16667	9. 33333
宁夏	10. 00000	17. 00000	10. 50000
青海	10. 88889	10. 50000	11. 00000
山东	10. 92135	11. 93548	11. 35000
山西	11. 05814	11. 55769	12. 16667
陕西	10. 96685	12. 21739	12. 94737
上海	10. 65217	13. 57576	12. 56000
四川	10. 08434	11. 71429	11. 44444
天津	13. 71429	13. 42697	15. 19048
云南	12. 26667	13. 84615	14. 25000
浙江	10. 67742	10. 90541	10. 80952
重庆	10. 28261	11. 66667	—

注：“—”表示缺失值。

6. 地区层面老年人主观感受得分的经济状况差异

表13显示的是地区层面老年人主观感受得分的经济状况差异，结果显示：从总体上看，得分最高的是广西10000～29999元老年人的主观感受得分，为15. 13889，得分最低的是宁夏10000～29999元老年人的主观感受得分，为7. 90000分，二者之差为7. 23889分；分类别来看，在0～1999元这一类别，得

分最高的是内蒙古(14.71429)，得分最低的是宁夏(8.08333)，二者之差为6.63096；在2000~9999元这一类别，得分最高的是天津(13.35000)，得分最低的是宁夏(7.95833)；二者之差为5.39167；在10000~29999元这一类别，得分最高的是广西(15.13889)，得分最低的是宁夏(7.90000)，二者之差为7.23889；在30000~59999元这一类别，得分最高的是江苏(14.33071)，得分最低的是甘肃(9.33333)，二者之差为4.99738；在60000元及以上这一类别，得分最高的是广西(13.62595)，得分最低的是青海(9.50000)，二者之差为4.12595。上述结果说明在10000~29999元这个类别上地区之间主观感受得分的差异最大。

表13　　**地区层面老年人主观感受得分的经济状况差异**

	0~1999元	2000~9999元	10000~29999元	30000~59999元	60000元及以上
安徽	9.66667	10.29665	11.74286	10.03030	9.90909
北京	12.71429	12.69655	12.50000	12.51768	11.97260
福建	11.00000	10.65217	10.40000	11.63636	11.37705
甘肃	9.57143	9.51613	9.50000	9.33333	10.47500
广东	12.70968	11.78049	12.59375	11.60086	12.09697
广西	12.00000	12.59091	15.13889	14.25000	13.62595
贵州	9.62500	10.42424	10.15789	10.53608	11.00000
河北	10.80851	10.85294	13.02381	13.65625	11.53704
河南	9.24855	10.51587	11.48062	12.41509	10.75000
黑龙江	11.14286	10.64780	11.07389	11.08824	10.86286
湖北	9.08696	10.45082	10.54822	11.55385	10.82432
湖南	11.11250	10.62921	11.23810	12.18750	11.66667
吉林	10.90909	10.40969	12.71774	13.10204	10.27273
江苏	12.42727	11.56731	13.77551	14.33071	12.28571
江西	10.65217	11.84783	12.68000	12.43750	11.00568
辽宁	12.73077	12.40000	12.60280	12.64103	12.64286
内蒙古	14.71429	9.82353	10.84615	10.20000	11.83333
宁夏	8.08333	7.95833	7.90000	11.50000	9.67568
青海	10.36111	10.50000	10.29032	10.12500	9.50000

续表

	0~1999元	2000~9999元	10000~29999元	30000~59999元	60000元及以上
山东	11.12360	11.13462	12.89394	11.98851	10.91411
山西	10.88372	11.47674	12.27907	12.91837	9.82090
陕西	10.95652	10.82456	12.78125	13.57895	11.36364
上海	10.73333	11.77941	11.87333	11.11602	11.79630
四川	9.64198	9.97959	10.79752	10.62651	11.43750
天津	11.62500	13.35000	14.00000	13.64828	13.60870
云南	11.02186	12.78889	14.43750	13.59259	10.10448
浙江	9.83333	10.89655	10.77551	10.81481	11.10204
重庆	9.33884	10.43077	10.37662	9.54545	9.51852

7. 地区层面老年人主观感受得分的健在子女子女数量差异

表14显示的是地区层面老年人主观感受得分的健在子女数量差异，结果显示：从总体上看，得分最高的是天津1个健在子女老年人的主观感受得分，为14.05025，得分最低的是浙江0个健在子女老年人的主观感受得分，为7.00000分，二者之差为7.05025分；分类别来看，在0个健在子女这一类别，得分最高的是云南(13.00000)，得分最低的是浙江(7.00000)，二者之差为6.00000；在1个健在子女这一类别，得分最高的是天津(14.05025)，得分最低的是重庆市(9.05000)；二者之差为5.00025；在2个健在子女这一类别，得分最高的是天津(13.68702)，得分最低的是宁夏、青海(9.83333)，二者之差为3.85369；在3个及以上健在子女这一类别，得分最高的是天津(12.14035)，得分最低的是宁夏(8.91860)，二者之差为3.22175。上述结果说明在0个健在子女这个类别上地区之间主观感受得分的差异最大。

表14　　地区层面老年人主观感受得分的健在子女子女数量差异

	0个	1个	2个	3个及以上
安徽	—	10.33333	10.58252	10.08779

续表

	0个	1个	2个	3个及以上
北京	12.00000	12.83969	12.41341	11.97143
福建	10.00000	11.50000	11.52174	10.60000
甘肃	—	9.51852	10.12000	9.77895
广东	12.00000	11.77301	12.45513	11.71000
广西	11.50000	13.87037	13.33065	13.41860
贵州	14.00000	10.58730	10.45000	10.19608
河北	—	12.91111	11.67890	11.47445
河南	9.00000	11.42105	10.76970	10.39785
黑龙江	12.00000	11.18966	10.95455	10.85338
湖北	13.00000	11.11765	10.30043	10.23529
湖南	11.00000	10.86667	11.43624	11.10333
吉林	10.00000	11.86869	11.89655	10.74797
江苏	13.00000	13.52809	12.91379	12.84716
江西	—	10.42105	11.47297	11.54244
辽宁	9.66667	13.26496	12.90152	11.93571
内蒙古	10.00000	11.95238	11.15385	10.21277
宁夏	—	6.25000	9.83333	8.91860
青海	8.50000	10.10526	9.83333	10.78261
山东	10.60000	10.71264	11.64091	11.52612
山西	9.00000	11.15385	11.56962	11.31667
陕西	11.50000	11.46667	11.50476	11.19200
上海	10.00000	12.04545	11.52469	11.32180
四川	9.00000	10.70714	10.26203	10.21374
天津	10.00000	14.05025	13.68702	12.14035
云南	13.00000	11.57143	12.70115	11.42708
浙江	7.00000	10.85926	10.98870	10.68354
重庆	—	9.05000	10.12245	9.77273

注：“—”表示缺失值。

从总体上看，在地区层面老年人主观感受指标的得分上，最高分与最低分之间的差值最大的是“婚姻状况”(13.00000)，差值最小的是“性别”(5.46408)，可以看出老年人在“婚姻状况”指标上主观感受得分差异最大，在“性别”指标上差异最小。

第二节 地区层面老年人心理认知的聚类分析

一、地区层面老年人认知能力和主观感受各指标的描述性分析

1. 地区层面老年人认知能力各指标得分

表15显示的是28个地区认知能力的6个指标得分情况。结果显示：第一，从E1-1到E1-5上看，所有的6个指标中平均得分最高的是E1-2正确回答小区/村名字的情况。第二，分类别来看，E1-1指标上，得分最高的是浙江，其次是贵州和江苏；E1-2指标上，得分最高的是河南，其次是四川、黑龙江和重庆市；E1-3指标上，得分最高的是江苏，其次是广西和四川；E1-4指标上，得分最高的是云南，其次是贵州和宁夏；E1-5指标上，得分最高的是贵州，其次是内蒙古和吉林；E1-6指标上，得分最高的是吉林，其次是四川和贵州。

表15 28个地区老年人认知能力各指标得分情况

	E1-1	E1-2	E1-3	E1-4	E1-5	E1-6
安徽	0.83578	0.86275	0.85294	0.81863	0.78431	2.20833
北京	0.89748	0.98741	0.99460	0.96403	0.95144	2.78237
福建	0.86885	0.95410	0.88852	0.92131	0.83934	2.55082
甘肃	0.88500	0.97000	0.92500	0.92500	0.80500	2.41500
广东	0.91573	0.99064	0.99438	0.93258	0.84270	2.77903
广西	0.91731	0.98708	0.99225	0.96641	0.89922	1.94574
贵州	0.97643	0.98653	0.93266	0.93603	0.93939	2.01010
河北	0.85522	0.97643	0.89562	0.82492	0.81145	2.29293

续表

	E1-1	E1-2	E1-3	E1-4	E1-5	E1-6
河南	0. 73554	0. 97521	0. 72066	0. 93223	0. 78512	2. 45950
黑龙江	0. 75960	0. 99165	0. 84140	0. 90818	0. 85309	2. 69783
湖北	0. 80369	0. 96812	0. 96309	0. 93792	0. 86409	2. 20805
湖南	0. 85208	0. 99375	0. 89375	0. 98125	0. 93125	2. 66667
吉林	0. 94389	0. 98196	0. 95190	0. 93788	0. 90982	2. 73547
江苏	0. 97012	0. 98805	0. 85060	0. 89044	0. 94223	2. 64542
江西	0. 92048	0. 95825	0. 94433	0. 93638	0. 86282	2. 45924
辽宁	0. 95500	0. 96750	0. 99500	0. 96000	0. 94000	2. 85750
内蒙古	0. 83000	0. 98000	0. 92000	0. 94000	0. 90000	2. 60000
宁夏	0. 67677	0. 98990	0. 78788	0. 89899	0. 53535	1. 77778
青海	0. 87879	0. 98990	0. 93939	0. 95960	0. 89899	2. 78788
山东	0. 85953	0. 95987	0. 86120	0. 87124	0. 86120	2. 36789
山西	0. 91667	0. 95139	0. 88889	0. 94444	0. 90625	2. 16667
陕西	0. 85934	0. 98465	0. 91304	0. 95908	0. 93606	1. 91816
上海	0. 89130	0. 96196	0. 90036	0. 90036	0. 87500	2. 48370
四川	0. 89185	0. 97504	0. 90349	0. 88519	0. 88852	2. 18469
天津	0. 92481	0. 99248	0. 99749	0. 97744	0. 92982	2. 38847
云南	0. 84461	0. 99248	0. 92982	0. 95739	0. 93233	2. 29323
浙江	0. 99790	0. 99790	0. 97689	0. 95588	0. 90756	2. 40126
重庆	0. 74419	0. 93355	0. 83721	0. 90698	0. 77409	1. 95017
均值	0. 87569	0. 97332	0. 91099	0. 92529	0. 87769	2. 42185

注：E1-1：是否正确回答今天是几月几号；E1-2：是否正确回答这个小区/村子的名字叫什么；E1-3：是否正确回答国庆节是哪天；E1-4：是否正确回答现在国家主席是谁；E1-5：是否正确回答今年农历是什么年；E1-6：正确复述词语“苹果/桌子/硬币”的数量。E1-1 至 E1-5 值域都为 0~2 分，E1-6 值域为 0~3 分。具体赋值方法详见第二章。

2. 地区层面老年人主观感受各指标得分

表 16 显示的是 28 个地区主观感受的 9 个指标得分情况。结果显示：第一，

从总体上看，所有的9个指标中平均得分最高的是E2-3心里难过，其次是E2-2觉得孤单和E2-5不想吃东西。第二，分类别来看，E2-1指标上，得分最高的是天津，其次是辽宁和江苏；E2-2指标上，得分最高的是贵州，其次是青海和浙江；E2-3指标上，得分最高的是广西，其次是贵州和江苏；E2-4指标上，得分最高的是天津，其次是辽宁和北京；E2-5指标上，得分最高的是广西，其次是江苏和天津；E2-6指标上，得分最高的是广西，其次是江苏和浙江；E2-7指标上，得分最高的是广西，其次是贵州和江苏；E2-8指标上，得分最高的是广西，其次是贵州和吉林；E2-9指标上，得分最高的是天津，其次是北京和辽宁。

表16　　**28个地区老年人主观感受各指标得分情况**

	E2-1	E2-2	E2-3	E2-4	E2-5	E2-6	E2-7	E2-8	E2-9
安徽	0.90441	1.30392	1.30882	0.84804	1.36029	1.24020	1.17647	1.22059	0.87990
北京	1.57374	1.42446	1.50000	1.29317	1.37230	1.28597	1.29496	1.35612	1.39388
福建	1.07213	1.26230	1.32131	0.84590	1.44590	1.39672	1.46885	1.43934	0.83279
甘肃	1.06500	1.13500	1.19500	0.94500	1.23000	1.04000	1.18500	1.27000	0.83500
广东	1.31086	1.41199	1.45318	1.03371	1.49064	1.36704	1.46255	1.34270	1.07865
广西	1.31008	1.65116	1.76486	1.15504	1.72868	1.57106	1.70543	1.71318	0.91731
贵州	0.33670	1.70370	1.67340	0.40741	1.45118	1.41077	1.54545	1.51515	0.31650
河北	1.35690	1.36700	1.44444	1.24242	1.25589	1.27273	1.36364	1.35354	1.04714
河南	1.02479	1.40165	1.38843	0.90744	1.31736	1.16860	1.23306	1.27107	0.86116
黑龙江	0.61937	1.59766	1.63105	0.63606	1.51753	1.41903	1.48080	1.30718	0.69449
湖北	0.93624	1.30705	1.40772	0.67785	1.52852	1.31376	1.14933	1.39597	0.61745
湖南	0.96667	1.42917	1.51042	0.70417	1.38958	1.33542	1.46667	1.45833	0.93125
吉林	1.07214	1.50902	1.56914	0.86974	1.42685	1.23848	1.34870	1.51102	0.74549
江苏	1.57769	1.49801	1.66932	1.12749	1.61952	1.53984	1.54183	1.24104	1.16135
江西	1.11332	1.35388	1.35586	0.91451	1.46322	1.41551	1.40954	1.42942	0.86879
辽宁	1.63000	1.57250	1.44000	1.40250	1.40000	1.27000	1.22750	1.33500	1.34000
内蒙古	0.99000	1.31000	1.35000	1.00000	1.33000	1.26000	1.34000	1.39000	0.93000
宁夏	0.88889	1.12121	1.21212	0.75758	1.16162	1.04040	0.75758	1.12121	0.70707
青海	0.81818	1.68687	1.27273	0.71717	1.40404	1.20202	1.27273	1.32323	0.63636

续表

	E2-1	E2-2	E2-3	E2-4	E2-5	E2-6	E2-7	E2-8	E2-9
山东	1. 28763	1. 31773	1. 38629	1. 12709	1. 31438	1. 26087	1. 28930	1. 25920	1. 14716
山西	1. 28819	1. 34722	1. 35417	1. 27431	1. 30208	1. 25694	1. 25694	1. 25000	1. 03819
陕西	1. 33760	1. 41176	1. 42967	1. 12788	1. 41176	1. 23274	1. 19693	1. 35038	0. 78772
上海	1. 23913	1. 40761	1. 48913	0. 91667	1. 48007	1. 36413	1. 40761	1. 33152	0. 86957
四川	0. 82696	1. 41431	1. 43760	0. 74210	1. 30616	1. 25291	1. 29617	1. 34443	0. 72546
天津	1. 69674	1. 60902	1. 66917	1. 49624	1. 57644	1. 33333	1. 35589	1. 36341	1. 47118
云南	1. 29323	1. 46115	1. 44612	1. 02506	1. 35338	1. 21303	1. 37343	1. 44361	1. 10526
浙江	0. 70588	1. 68277	1. 59034	0. 45798	1. 53151	1. 46639	1. 48529	1. 46429	0. 44538
重庆	1. 02658	1. 27575	1. 22591	0. 98671	1. 12957	0. 95349	1. 12625	1. 19601	0. 94352
均值	1. 13303	1. 43841	1. 47058	0. 94979	1. 42263	1. 31070	1. 35001	1. 36283	0. 91797

注：E2-1 过去一周您觉得自己心情很好吗；E2-2 过去一周您觉得孤单吗；E2-3 过去一周您觉得心里很难过吗；E2-4 过去一周您觉得自己的日子过得很不错吗；E2-5 过去一周您觉得不想吃东西吗；E2-6 过去一周您睡眠不好吗；E2-7 过去一周您觉得自己不中用了吗；E2-8 过去一周您觉得自己没事可做吗；E2-9 过去一周您觉得生活中有很多乐趣吗。E2-1 至 E2-9 值域都为 0~3 分。具体赋值方法详见第二章。

3. 地区层面老年人认知能力、主观感受和心理认知总体的描述

(1)地区层面老年人认知能力总体的平均得分

表 17 显示的是地区层面认知能力的平均得分，并按照平均得分的高低进行了排序。具体情况如下：28 个地区认知能力的平均得分是 6. 98483，标准差是 1. 44469；有 14 个地区的平均得分在 7 分以上，有 13 个地区的得分在 6~7 分之间，有 1 个地区的得分在 6 分以下；得分最高的是辽宁，平均分为 7. 67500，其次是北京，平均分为 7. 57734；得分最低的是宁夏，平均分为 5. 66667；15 个地区的平均得分在均值以上。表 17 还显示了 28 个地区认知能力得分的标准差，结果显示：北京的标准差最小，为 0. 80726，其次是辽宁，为 0. 83733，说明在北京内部，老年人之间在认知能力上的差异性最小，其次是辽宁；安徽的标准差最大，为 2. 08912，说明在该省份内部，老年人之间在认知能力上的差异性最大。

上述结果说明，总体而言北京、辽宁的平均得分较高且差异性较小，说明在地区层面北京、辽宁的老年人整体上在认知能力指标上状况较好。

表 17　　地区层面老年人认知能力平均得分排序

排序	地区	认知能力平均得分	认知能力标准差
1	辽宁	7.67500	0.83733
2	北京	7.57734	0.80726
3	吉林	7.46092	0.99192
4	广东	7.45506	0.84926
5	青海	7.45455	1.01290
6	湖南	7.31875	1.04215
7	江苏	7.28685	1.35120
8	浙江	7.23739	1.05249
9	天津	7.21053	1.03253
10	内蒙古	7.17000	1.42882
11	江西	7.08151	1.50276
12	黑龙江	7.05175	1.32723
13	福建	7.02295	1.51618
14	上海	7.01268	1.56000
15	云南	6.94987	1.54903
16	甘肃	6.92500	1.32216
17	贵州	6.78114	1.46441
18	山东	6.78094	1.59370
19	山西	6.77431	1.51684
20	湖北	6.74497	1.46971
21	四川	6.72879	1.49822
22	广西	6.70801	1.43061
23	河北	6.65657	1.66742

续表

排序	地区	认知能力平均得分	认知能力标准差
24	河南	6. 60826	1. 71966
25	陕西	6. 57033	1. 42848
26	安徽	6. 36275	2. 08912
27	重庆	6. 14618	1. 80515
28	宁夏	5. 66667	1. 16058
整体均值		6. 98483	
整体标准差			1. 44469

(2)地区层面老年人主观感受总体的平均得分

表 18 显示的是地区层面主观感受的平均得分，并按照平均得分的高低进行了排序。具体情况如下：28 个地区主观感受的平均得分是 11. 35594，标准差是 3. 62897；有 5 个地区的平均得分在 12 分以上，有 11 个地区的平均得分在 11～12 分之间，有 9 个地区的平均得分在 10～11 分之间，有 3 个地区的得分在 10 分以下；得分最高的是天津，平均分为 13. 57143，得分最低的是宁夏回族自治区，平均分为 8. 76768；11 个地区的平均得分在均值以上。表 18 还显示了 28 个地区主观感受得分的标准差，结果显示：贵州的标准差最小，为 1. 61544，说明在该省份内部，老年人之间在主观感受上的差异性最小；内蒙古的标准差最大，为 3. 46264，说明在该省份内部，老年人之间在主观感受上的差异性最大。

通过比较认知能力和主观感受的平均得分发现：第一，除了重庆市和宁夏回族自治区，大部分地区的认知能力和主观感受平均得分的排序都不一致，其中差异比较大有：广西(认知能力排序比主观感受高 20 位)、河北(认知能力排序比主观感受高 15 位)、陕西(认知能力排序比主观感受高 11 位)、青海(认知能力排序比主观感受低 19 位)、浙江(认知能力排序比主观感受低 11 位)和吉林(认知能力排序比主观感受低 10 位)，其中广西壮族自治区南临南海，河北省、陕西省靠近黄河地区；第二，认知能力的值域和平均值比主观感受小，在标准差上前者也比后者小，这说明在地区之间老年人的认知能力差异比主观感受差异小，这与已有的一些文献的研究结论类似(巫锡炜、肖珊珊，2013)。

表 18　　地区层面老年人主观感受平均得分排序

排序	地区	主观感受平均得分	主观感受标准差
1	天津	13.57143	3.16693
2	广西	13.51680	3.00114
3	江苏	12.97610	2.93636
4	辽宁	12.61750	2.98722
5	北京	12.49460	3.08293
6	广东	11.95131	3.21720
7	云南	11.71429	3.02146
8	河北	11.70370	3.12894
9	上海	11.50543	3.21182
10	山东	11.38963	2.98747
11	山西	11.36806	3.37906
12	江西	11.32406	3.08969
13	吉林	11.29058	3.18911
14	陕西	11.28645	3.41262
15	湖南	11.19167	2.06793
16	福建	11.08525	2.60300
17	黑龙江	10.90317	2.38319
18	内蒙古	10.90000	3.46264
19	浙江	10.82983	1.80829
20	河南	10.57355	2.81022
21	贵州	10.36027	1.61544
22	四川	10.34609	2.22861
23	湖北	10.33389	3.08713
24	青海	10.33333	1.75546
25	安徽	10.24265	2.60267
26	甘肃	9.90000	2.37449
27	重庆	9.86379	2.12714
28	宁夏	8.76768	2.84220
整体均值		11.35594	
整体标准差			3.00305

(3)地区层面老年人心理认知总体的平均得分

表19显示的是地区层面心理认知状况整体(认知能力和主观感受得分之和)的平均得分，并按照平均得分的高低进行了排序。具体情况如下：28个地区心理认知的平均得分是18.34077，标准差是3.62897；有6个地区的平均得分在19分以上，有11个地区的平均得分在18~19分之间，有7个地区的平均得分在17~18分之间，有4个地区的平均得分在17分以下；得分最高的是天津，平均分为20.78195，得分最低的是宁夏回族自治区，平均分为14.43434；12个地区的平均得分在均值以上。表19还显示了28个地区心理认知状况得分的标准差，结果显示：浙江的标准差最小，为2.13238，说明在该省份内部，老年人之间在心理认知上的差异性最小；内蒙古的标准差最大，为4.19055，说明在该省份内部，老年人之间在心理认知上的差异性最大。

从心理认知总体上看：第一，天津整体的老年人身体健康状况最好，宁夏回族自治区整体的老年人心理认知状况最差；第二，排名前二位的地区(天津和辽宁)，标准差也相对较小；排名靠后的地区特别是平均得分在18分以下的地区(特别是陕西、湖北、河南和宁夏)，标准差也相对较大。

表19　　　　地区层面老年人心理认知总体平均得分排序

排序	地区	心理认知平均得分	心理认知整体的标准差
1	天津	20.78195	3.41444
2	辽宁	20.29250	3.30367
3	江苏	20.26295	3.84253
4	广西	20.22481	3.09414
5	北京	20.07194	3.35876
6	广东	19.40637	3.38710
7	吉林	18.75150	3.51908
8	云南	18.66416	3.89207
9	上海	18.51812	3.88440
10	湖南	18.51042	2.66969
11	江西	18.40557	3.71582

续表

排序	地区	心理认知平均得分	心理认知整体的标准差
12	河北	18.36027	3.95944
13	山东	18.17057	3.90692
14	山西	18.14236	4.10369
15	福建	18.10820	3.29145
16	内蒙古	18.07000	4.19055
17	浙江	18.06723	2.13238
18	黑龙江	17.95492	2.80878
19	陕西	17.85678	3.94058
20	青海	17.78788	2.18190
21	河南	17.18182	3.74121
22	贵州	17.14141	2.49734
23	湖北	17.07886	3.74419
24	四川	17.07488	2.92165
25	甘肃	16.82500	2.83098
26	安徽	16.60539	2.94565
27	重庆	16.00997	3.05885
28	宁夏	14.43434	3.45868
整体均值		18.34077	
整体标准差			3.62897

二、地区层面老年人心理认知的聚类分析

1. 地区层面老年人心理认知的聚类分析方法

认知能力维度 E1-1 到 E1-6 一共有 6 个测量指标，聚类分析基于这 6 个指标展开；主观感受维度 E2-1 到 E2-9 一共有 9 个指标，聚类分析基于这 9 个指标展开。心理认知状况整体则将认知能力和主观感受作为两个整体予以考察，聚类分析基于这 2 个指标展开。根据本研究地区层面的数据，即分析对象为 28 个地区，

聚类分析时使用K-均值法，将28个省市分为三类(即类别数量采用事前确定的方法)。

2. 地区层面老年人心理认知的聚类分析结果

(1)老年人认知能力的聚类分析结果

认知能力的聚类分析结果详见表20。结果显示：最高档第一档(聚类结果为3)的地区有5个，分别是北京、广东、吉林、辽宁和青海；中间档第二档(聚类结果为2)的地区有10个，分别是福建、黑龙江、湖南、江西、江苏、内蒙古、上海、天津、云南和浙江；最低档第三档(聚类结果为1)的地区有13个，分别是安徽、甘肃、广西、贵州、河北、河南、湖北、宁夏、山东、山西、陕西、四川和重庆市。

(2)老年人主观感受的聚类分析结果

主观感受的聚类分析结果详见表20。结果显示：最高档第一档(聚类结果为3)的地区有3个，分别是广西、江苏和天津；中间档第二档(聚类结果为2)的地区有10个，分别是北京、广东、河北、吉林、江西、辽宁、山东、山西、上海和云南；最低档第三档(聚类结果为1)的地区有15个，分别是安徽、福建、甘肃、贵州、河南、黑龙江、湖北、湖南、内蒙古、宁夏、青海、陕西、四川、浙江和重庆市。

(3)老年人心理认知状况总体的聚类分析结果

心理认知状况总体的聚类分析结果详见表20。结果显示：最高档第一档(聚类结果为3)的地区有5个，分别是北京、广西、江苏、辽宁和天津；中间档第二档(聚类结果为2)的地区有21个，分别是安徽、福建、甘肃、广东、贵州、河北、河南、黑龙江、湖北、湖南、吉林、江西、内蒙古、青海、山东、山西、陕西、上海、四川、云南、浙江；最低档第三档(聚类结果为1)的地区有2个，分别是宁夏和重庆市。

从表20的分析结果可以发现：第一，认知能力、主观感受和心理认知状况总体都处在最高档的地区没有；都处于中间档的有3个，分别是江西、上海和云南；都处于最低档的有2个，分别是宁夏和重庆市；还有23个地区的聚类结果在三个维度上存在差异，分别是安徽、北京、福建、甘肃、广东、广西、贵州、河北、河南、黑龙江、湖北、湖南、吉林、江苏、辽宁、内蒙古、青海、山东、山西、陕西、四川、天津和浙江。

表 20　　**28 个地区老年人心理认知的聚类分析结果**

	认知能力聚类	主观感受聚类	心理认知整体聚类
安徽	1	1	2
北京	3	2	3
福建	2	1	2
甘肃	1	1	2
广东	3	2	2
广西	1	3	3
贵州	1	1	2
河北	1	2	2
河南	1	1	2
黑龙江	2	1	2
湖北	1	1	2
湖南	2	1	2
吉林	3	2	2
江苏	2	3	3
江西	2	2	2
辽宁	3	2	3
内蒙古	2	1	2
宁夏	1	1	1
青海	3	1	2
山东	1	2	2
山西	1	2	2
陕西	1	1	2
上海	2	2	2
四川	1	1	2
天津	2	3	3

续表

	认知能力聚类	主观感受聚类	心理认知整体聚类
云南	2	2	2
浙江	2	1	2
重庆	1	1	1

第三节　地区层面老年人心理认知的影响因素分析

本节主要对28个地区的老年人心理认知状况的影响因素进行了分析(分析对象为地区，即样本量为28)，将认知能力得分，主观感受得分和二者得分之和分别作为因变量，运用多元线性回归模型，考察地区层面的因素对三个得分的影响状况。

一、地区层面老年人认知能力的影响因素分析

1. 模型1

表21模型1纳入了“居民人均可支配收入”“总抚养比”“老年人口抚养比”等地区层面影响因素，表格里是标准化回归系数。从模型1可以发现：变量“居民人均可支配收入”和“总抚养比”通过了 $p<0.05$ 的显著性检验，根据标准化回归系数的绝对值可以看出，影响力最大的是“总抚养比”(0.303)。这一结果说明，地区层面的经济发展状况越好，老年人的认知能力越高；地区层面的总抚养负担越重，老年人的认知能力越低。

2. 模型2

表21模型2在模型1的基础上增加了“每千人卫生技术人员”“每千人口医疗卫生机构床位”“社区服务中心覆盖率”“每千老年人口养老床位数”等地区层面的影响因素。从模型2可以发现：变量“居民人均可支配收入”和“总抚养比”通过了 $p<0.05$ 的显著性检验，根据标准化回归系数的绝对值可以看出，影响力最大

的是“居民人均可支配收入”(0.439)。这一结果说明，在控制了地区层面的卫生健康水平和养老服务提供水平之后，仍然是地区层面的经济发展状况越好，老年人的认知能力越高；地区层面的总抚养负担越重，老年人的认知能力越低，只是两个影响因素的标准化回归系数的绝对值都有增加了，说明二者的影响力都变大了。

3. 模型 3

表 21 模型 3 为全模型，在模型 2 的基础上增加了“移动电话普及率”“互联网普及率”“每万人拥有公共交通车辆”“人均公园绿地面积”的影响因素。从模型 3 可以发现：只有变量“总抚养比”通过了 $p<0.05$ 的显著性检验。

在加入了“移动电话普及率”“互联网普及率”“每万人拥有公共交通车辆”“人均公园绿地面积”等地区层面的影响因素之后，变量“居民人均可支配收入”由显著变为了不显著。同时，变量“总抚养比”的回归系数绝对值变小了 0.011。

模型 1 到模型 3，R 方呈上升趋势，其中模型 2 到模型 3 的 R 方变化幅度较大(增加了 7.0%)，模型 1 到模型 2 的 R 方变化幅度相对较小(增加了 6.4%)，将所有变量都纳入后，整体上对老年人认知能力的解释力是最高的，达到 36.9%。

表 21　　**地区层面老年人认知能力的影响因素分析**

	模型 1	模型 2	模型 3
居民人均可支配收入	0.247**	0.439**	0.107
总抚养比	-0.303**	-0.312**	-0.301**
老年人口抚养比	-0.045	-0.193	-0.163
每千人卫生技术人员		-0.287	-0.278
每千人口医疗卫生机构床位		0.234	0.197
社区服务中心覆盖率		0.182	0.238
每千老年人口养老床位数		-0.120	0.073
移动电话普及率			-0.202
互联网普及率			0.314

续表

	模型 1	模型 2	模型 3
每万人拥有公共交通车辆			0.214
人均公园绿地面积			-0.250
	R2=23.5	R2=29.9	R2=36.9

注：**表示 $p<0.05$。

二、地区层面老年人主观感受的影响因素分析

1. 模型 1

表 22 模型 1 纳入了“居民人均可支配收入”“总抚养比”“老年人口抚养比”等地区层面影响因素，表格里是标准化回归系数。从模型 1 可以发现变量“居民人均可支配收入”通过了 $p<0.05$ 的显著性检验。这一结果说明，地区层面的经济发展状况越好，老年人的主观生活感受越好。

2. 模型 2

表 22 模型 2 在模型 1 的基础上增加了“每千人卫生技术人员”“每千人口医疗卫生机构床位”“社区服务中心覆盖率”“每千老年人口养老床位数”等地区层面的影响因素。从模型 2 可以发现：变量“老年人口抚养比”“每千人卫生技术人员”“每千人口医疗卫生机构床位”和“每千老年人口养老床位数”通过了 $p<0.05$ 的显著性检验，根据标准化回归系数的绝对值可以看出，影响力最大的是“每千人口医疗卫生机构床位”(0.524)，其次是“每千老年人口养老床位数”(0.390)，最小的是“每千人卫生技术人员”(0.315)。这一结果说明，地区层面的卫生健康条件和养老服务提供水平对老年人的主观生活感受有显著影响。

3. 模型 3

表 22 模型 3 在模型 2 的基础上增加了“移动电话普及率”“互联网普及率”“每万人拥有公共交通车辆”“人均公园绿地面积”等地区层面的影响因素。从模型 3 可以发现：变量“老年人口抚养比”“每千人卫生技术人员”“每千人口医疗卫

生机构床位”“社区服务中心覆盖率”“每千老年人口养老床位数”和“移动电话普及率”通过了 p<0.05 的显著性检验。根据标准化回归系数的绝对值可以看出，影响力最大的是“移动电话普及率”(0.881)，其次是“每千人卫生技术人员”(0.662)，最小的是“老年人口抚养比”(0.272)。这一结果说明，在控制了地区层面的城市建设水平因素后，地区层面的人口年龄结构、卫生健康条件和养老服务提供水平对老年人的主观生活感受有显著影响。

在加入了“移动电话普及率”“互联网普及率”“每万人拥有公共交通车辆”“人均公园绿地面积”等地区层面的影响因素之后，变量“社区服务中心覆盖率”由不显著变为了显著。同时，变量“老年人口抚养比”的标准化回归系数绝对值变小了 0.067，变量“每千人卫生技术人员”的标准化回归系数绝对值变小大了 0.347，变量“每千人口医疗卫生机构床位”的标准化回归系数绝对值变小大 0.023，变量“每千老年人口养老床位数”的标准化回归系数绝对值变小了 0.060。

模型 1 到模型 3，R 方呈上升趋势，其中模型 1 到模型 2 的 R 方变化幅度较大(增加了 26.2%)，模型 2 到模型 3 的 R 方变化幅度较小(增加了 8.6%)，将所有变量都纳入后，整体上对老年人主观感受的解释力是最高的，达到 51.3%。

表 22　**地区层面老年人主观感受的影响因素分析**

	模型 1	模型 2	模型 3
居民人均可支配收入	0.368**	-0.108	-0.071
总抚养比	-0.052	-0.208	-0.235
老年人口抚养比	0.036	0.339**	0.272**
每千人卫生技术人员		0.315**	0.662**
每千人口医疗卫生机构床位		-0.524**	-0.547**
社区服务中心覆盖率		0.153	0.286**
每千老年人口养老床位数		-0.390**	-0.330**
移动电话普及率			-0.881**
互联网普及率			0.316
每万人拥有公共交通车辆			0.124
人均公园绿地面积			-0.036
	R2=16.5	R2=42.7	R2=51.3

注：**表示 p<0.05。

三、地区层面老年人心理认知整体的影响因素分析

1. 模型 1

表 23 模型 1 纳入了“居民人均可支配收入”“总抚养比”“老年人口抚养比”的地区层面影响因素，表格里是标准化回归系数。从模型 1 可以发现变量“居民人均可支配收入”通过了 $p<0.05$ 的显著性检验。这一结果说明，地区层面的经济发展状况越好，老年人的整体心理认知水平越好。

2. 模型 2

表 23 模型 2 在模型 1 的基础上增加了“每千人卫生技术人员”“每千人口医疗卫生机构床位”“社区服务中心覆盖率”“每千老年人口养老床位数”等地区层面的影响因素。从模型 2 可以发现变量“总抚养比”“每千人口医疗卫生机构床位”和“每千老年人口养老床位数”通过了 $p<0.05$ 的显著性检验，根据标准化回归系数的绝对值可以看出，影响力最大的是“每千老年人口养老床位数”(0.344)，最小的是“总抚养比”(0.262)。这一结果说明，地区层面的总抚养负担、卫生健康条件和养老服务提供水平对老年人的整体心理认知水平有显著影响。

3. 模型 3

表 23 模型 3 是全模型，在模型 2 的基础上增加了“移动电话普及率”“互联网普及率”“每万人拥有公共交通车辆”“人均公园绿地面积”等地区层面的影响因素。从模型 3 可以发现：变量“总抚养比”“每千人口医疗卫生机构床位”“社区服务中心覆盖率”和“移动电话普及率”通过了 $p<0.05$ 的显著性检验。根据标准化回归系数的绝对值可以看出，影响力最大的是“移动电话普及率”(0.756)，其次是“每千人口医疗卫生机构床位”(0.367)，最小的是“总抚养比”(0.280)。这一结果说明，在控制了地区层面的城市建设水平因素后，地区层面的人口年龄结构、卫生健康条件和通讯设施条件对老年人的心理认知整体水平有显著影响。

在加入了“移动电话普及率”“互联网普及率”“每万人拥有公共交通车辆”“人均公园绿地面积”的影响因素之后，变量“社区服务中心覆盖率”由不显著变为了

显著。同时，变量“总抚养比”的回归系数绝对值变大了0.018，变量“每千人口医疗卫生机构床位”的回归系数绝对值变小大0.030。

模型1到模型3，R方呈上升趋势，其中模型1到模型2的R方变化幅度较大(增加了17.0%)，模型2到模型3的R方变化幅度较小(增加了8.6%)，将所有变量都纳入后，整体上对老年人心理认知整体的解释力是最高的，达到46.5%。

表23　　**地区层面老年人心理认知整体的影响因素分析**

	模型1	模型2	模型3
居民人均可支配收入	0.367**	0.054	-0.220
总抚养比	-0.137	-0.262**	-0.280**
老年人口抚养比	0.014	0.205	0.162
每千人卫生技术人员		0.157	0.432
每千人口医疗卫生机构床位		-0.337**	-0.367**
社区服务中心覆盖率		0.178	0.300**
每千老年人口养老床位数		-0.344**	-0.236
移动电话普及率			-0.756**
互联网普及率			0.348
每万人拥有公共交通车辆			0.165
人均公园绿地面积			-0.108
	R2=20.9	R2=37.9	R2=46.5

注：**表示 $p<0.05$。

第八章　地区层面的成功老龄化：老年人的社会参与

第一节　地区层面老年人社会参与状况概况

一、地区层面老年人社区参与得分与人口学特征的交互分析

2016 年 CLASS 调查，涉及了中国 28 个省/市/自治区，地区层面的数据构建都是基于这 28 个地区，分别计算每个地区社区参与的平均得分，后文如没有特别说明，都是指的地区平均得分，不再赘述。

1. 地区层面老年人社区参与得分的城乡差异

表 1 显示的是地区层面老年人社区参与得分的城乡差异，结果显示：从总体上看，得分最高的是陕西"镇"老年人的社区参与得分，为 2.50000 分，得分最低的是内蒙古城市老人，安徽、甘肃、贵州、黑龙江、辽宁、重庆市等地区"镇"老年人，宁夏农村老人的社区参与得分，均为 0.00000 分，二者之差为 2.50000 分；分类别来看，在城市这一类别，得分最高的是福建(0.50000)，得分最低的是内蒙古(0.00000)，二者之差为 0.50000；在镇这一类别，得分最高的是陕西(2.50000)，得分最低的是安徽、甘肃、贵州、黑龙江、辽宁、重庆市(0.00000)；二者之差为 2.50000；在农村这一类别，得分最高的是广东(0.29730)，得分最低的是宁夏(0.00000)，二者之差为 0.29730。上述结果说明在农村这个类别上地区之间老年人社区参与得分的差异最大。

表 1　　地区层面老年人社区参与得分的城乡差异

	城	镇	农村
安徽	0.22000	0.00000	0.04560
北京	0.20949	0.40000	—
福建	0.50000	1.03846	0.18812
甘肃	0.16000	0.00000	0.10000
广东	0.32642	0.25000	0.29730
广西	0.36207	0.70000	0.29482
贵州	0.08939	0.00000	0.00926
河北	0.46939	—	0.16080
河南	0.37864	0.19178	0.20245
黑龙江	0.03846	0.00000	0.01980
湖北	0.09434	0.33333	0.01487
湖南	0.02165	—	0.00402
吉林	0.08065	0.04167	0.00441
江苏	0.01261	0.18519	0.02954
江西	0.03687	0.06250	0.02703
辽宁	0.17429	0.00000	0.02222
内蒙古	0.00000	—	0.20000
宁夏	0.04167	—	0.00000
青海	0.17568	—	0.16000
山东	0.49180	0.66667	0.24828
山西	0.07514	0.07692	0.09804
陕西	0.20339	2.50000	0.22140
上海	0.18659	—	—
四川	0.05298	0.04000	0.08032
天津	0.11278	—	—
云南	0.05172	0.02000	0.05155
浙江	0.04509	—	0.02020
重庆	0.04000	0.00000	0.01493

注：“—”为缺失值。

2. 地区层面老年人社区参与得分的年龄差异

表2显示的是地区层面老年人社区参与得分的年龄差异，结果显示：从总体上看，得分最高的是山东60~69岁老年人的社区参与得分，为0.57877分，得分最低的是宁夏70~79岁老年人，福建、甘肃、贵州、湖南、吉林、宁夏、天津、浙江、重庆市等地区80岁及以上老年人的社区参与得分，为0.00000分，二者之差为0.57877分；分类别来看，在60~69岁这一类别，得分最高的是山东(0.57877)，得分最低的是重庆市(0.00629)，二者之差为0.57248；在70~79岁这一类别，得分最高的是福建(0.37500)，得分最低的是宁夏(0.00000)；二者之差为0.37500；在80岁及以上这一类别，得分最高的是内蒙古(0.36364)，得分最低的是福建、甘肃、贵州、湖南、吉林、宁夏、天津、浙江、重庆市等地区(0.00000)，二者之差为0.36364。上述结果说明在60~69岁这个类别上地区之间老年人社区参与得分的差异最大。

表2　　地区层面老年人社区参与得分的年龄差异

	60~69岁	70~79岁	80岁及以上
安徽	0.04369	0.03472	0.18966
北京	0.34528	0.09524	0.04938
福建	0.49010	0.37500	0.00000
甘肃	0.12500	0.06780	0.00000
广东	0.28326	0.27222	0.32231
广西	0.35000	0.32374	0.12500
贵州	0.08387	0.03509	0.00000
河北	0.34426	0.15476	0.06667
河南	0.27957	0.26613	0.17949
黑龙江	0.02433	0.03704	0.03774
湖北	0.07357	0.03352	0.08000
湖南	0.01825	0.00671	0.00000

续表

	60~69岁	70~79岁	80岁及以上
吉林	0.05806	0.02703	0.00000
江苏	0.05236	0.01951	0.00943
江西	0.02837	0.03378	0.06849
辽宁	0.15000	0.17424	0.12500
内蒙古	0.07143	0.31579	0.36364
宁夏	0.04348	0.00000	0.00000
青海	0.16279	0.14286	0.23810
山东	0.57877	0.17371	0.19355
山西	0.11486	0.04630	0.06250
陕西	0.29515	0.15079	0.07895
上海	0.19310	0.18605	0.16667
四川	0.08511	0.05051	0.03306
天津	0.13469	0.10526	0.00000
云南	0.04688	0.03597	0.07353
浙江	0.06250	0.03704	0.00000
重庆	0.00629	0.05000	0.00000

3. 地区层面老年人社区参与得分的性别差异

表3显示的是地区层面老年人社区参与得分的性别差异，结果显示：从总体上看，得分最高的是福建女性老年人的社区参与得分，为0.47445分，得分最低的是宁夏女性老年人的社区参与得分，为0.00000分，二者之差为0.47445分；分类别来看，在男性这一类别，得分最高的是山东(0.44479)，得分最低的是湖南(0.01224)，二者之差为0.43255；在女性这一类别，得分最高的是福建(0.47445)，得分最低的是宁夏(0.00000)；二者之差为0.47445。上述结果说明在女性这个类别上地区之间老年人社区参与得分的差异最大。

表3 地区层面老年人社区参与得分的性别差异

	男	女
安徽	0.03960	0.08252
北京	0.21134	0.23546
福建	0.41667	0.47445
甘肃	0.10000	0.09000
广东	0.31418	0.26374
广西	0.29612	0.38122
贵州	0.05298	0.06164
河北	0.21084	0.32824
河南	0.30398	0.20158
黑龙江	0.02551	0.03382
湖北	0.06579	0.05822
湖南	0.01224	0.01277
吉林	0.02429	0.06349
江苏	0.02632	0.03285
江西	0.04933	0.02500
辽宁	0.16837	0.14216
内蒙古	0.14815	0.15217
宁夏	0.03846	0.00000
青海	0.13559	0.22500
山东	0.44479	0.29537
山西	0.07143	0.09259
陕西	0.26724	0.16981
上海	0.22568	0.15254
四川	0.09507	0.03470
天津	0.09020	0.15278
云南	0.05670	0.03902
浙江	0.05882	0.02574
重庆	0.03067	0.00725

4. 地区层面老年人社区参与得分的婚姻状况差异

表4显示的是地区层面老年人社区参与得分的婚姻状况差异，结果显示：从总体上看，得分最高的是上海离婚老年人的社区参与得分，为0.60000分，得分最低的是湖南、宁夏等地区丧偶老年人，安徽、甘肃、贵州、河北、河南、黑龙江、湖北、湖南、吉林、江苏、江西、辽宁、内蒙古、青海、山东、山西、四川、天津、云南等地区离婚老年人，安徽、甘肃、河北、黑龙江、湖北、吉林、江苏、江西、辽宁、四川、天津、云南、浙江、重庆市等地区未婚老年人的社区参与得分，均为0.00000分，二者之差为0.60000分；分类别来看，在已婚有配偶这一类别，得分最高的是福建(0.47232)，得分最低的是湖南(0.01685)，二者之差为0.45547；在丧偶这一类别，得分最高的是广东(0.34899)，得分最低的是湖南、宁夏(0.00000)；二者之差为0.34899；在离婚这一类别，得分最高的是上海(0.60000)，得分最低的是安徽、甘肃、贵州、河北、河南、黑龙江、湖北、湖南、吉林、江苏、江西、辽宁、内蒙古、青海、山东、山西、四川、天津、云南(0.00000)，二者之差为0.60000；在未婚这一类别，得分最高的是广东(0.50000)，得分最低的是安徽、甘肃、河北、黑龙江、湖北、吉林、江苏、江西、辽宁、四川、天津、云南、浙江、重庆市(0.00000)，二者之差为0.50000。上述结果说明在离婚这个类别上地区之间老年人社区参与得分的差异最大。

表4　　地区层面老年人社区参与得分的婚姻状况差异

	已婚有配偶	丧偶	离婚	未婚
安徽	0.05415	0.08000	0.00000	0.00000
北京	0.25121	0.14815	0.28571	—
福建	0.47232	0.20588	—	—
甘肃	0.11268	0.05769	0.00000	0.00000
广东	0.26400	0.34899	0.16667	0.50000
广西	0.36860	0.21667	0.42857	0.22222
贵州	0.06566	0.04124	0.00000	—

续表

	已婚有配偶	丧偶	离婚	未婚
河北	0.33796	0.06329	0.00000	0.00000
河南	0.27073	0.24194	0.00000	0.12500
黑龙江	0.02477	0.04027	0.00000	0.00000
湖北	0.06323	0.06098	0.00000	0.00000
湖南	0.01685	0.00000	0.00000	—
吉林	0.05505	0.02484	0.00000	0.00000
江苏	0.03274	0.02484	0.00000	0.00000
江西	0.03467	0.04065	0.00000	0.00000
辽宁	0.15825	0.15625	0.00000	0.00000
内蒙古	0.16901	0.10714	0.00000	—
宁夏	0.02857	0.00000	—	—
青海	0.10145	0.31034	0.00000	—
山东	0.42754	0.26136	0.00000	0.14286
山西	0.08333	0.08750	0.00000	—
陕西	0.26515	0.14961	—	—
上海	0.19212	0.15603	0.60000	—
四川	0.07772	0.03941	0.00000	0.00000
天津	0.11420	0.11594	0.00000	0.00000
云南	0.04453	0.04667	0.00000	0.00000
浙江	0.04025	0.03356	0.33333	0.00000
重庆	0.01914	0.01190	0.33333	0.00000

注："—"为缺失值。

5. 地区层面老年人社区参与得分的受教育程度差异

表5显示的是地区层面老年人社区参与得分的受教育程度差异，结果显示：从总体上看，得分最高的是宁夏初中学历老年人的社区参与得分，为1.00000分，得分最低的是甘肃、广东、宁夏、重庆市等地区小学及以下学历老年人，安

徽、甘肃、广东、湖南、青海、四川、重庆市等地区初中学历老年人，安徽、福建、广东、江苏、内蒙古、宁夏、青海、四川、浙江等地区高中及以上学历老年人的社区参与得分，均为 0.00000 分，二者之差为 1.00000 分；分类别来看，在小学及以下这一类别，得分最高的是福建(0.66272)，得分最低的是甘肃、广东、宁夏、重庆市(0.00000)，二者之差为 0.66272；在初中这一类别，得分最高的是宁夏(1.00000)，得分最低的是安徽、甘肃、广东、湖南、青海、四川、重庆市(0.00000)，二者之差为 1.00000；在高中及以上这一类别，得分最高的是山东(0.75000)，得分最低的是安徽、福建、广东、江苏、内蒙古、宁夏、青海、四川、浙江(0.00000)，二者之差为 0.75000。上述结果说明在初中这个类别上地区之间老年人社区参与得分的差异最大。

表 5　　　　**地区层面老年人社区参与得分的受教育程度差异**

	小学及以下	初中	高中及以上
安徽	0.08092	0.00000	0.00000
北京	0.11429	0.35542	0.20175
福建	0.66272	0.41667	0.00000
甘肃	0.00000	0.00000	0.16667
广东	0.00000	0.00000	0.00000
广西	—	—	—
贵州	0.03333	0.02439	0.11111
河北	0.25974	0.25000	0.65000
河南	0.22167	0.30000	0.74074
黑龙江	0.05042	0.01724	0.06667
湖北	0.04977	0.15873	0.12500
湖南	0.00952	0.00000	0.20000
吉林	0.04846	0.06481	0.06780
江苏	0.02778	0.06250	0.00000
江西	0.02500	0.01852	0.10000
辽宁	0.12782	0.20611	0.14063
内蒙古	0.20000	0.33333	0.00000

续表

	小学及以下	初中	高中及以上
宁夏	0.00000	1.00000	0.00000
青海	0.11111	0.00000	0.00000
山东	0.20225	0.12903	0.75000
山西	0.05814	0.03846	0.11111
陕西	0.17127	0.41304	0.68421
上海	0.04348	0.06061	0.16000
四川	0.01205	0.00000	0.00000
天津	0.09524	0.05618	0.09524
云南	0.05000	0.15385	0.25000
浙江	0.00806	0.16216	0.00000
重庆	0.00000	0.00000	—

注："—"为缺失值。

6. 地区层面老年人社区参与得分的经济状况差异

表6显示的是地区层面老年人社区参与得分的经济状况差异，结果显示：从总体上看，得分最高的是山东收入为30000~59999元老年人的社区参与得分，为1.03448，得分最低的是黑龙江、湖北、湖南、江西、宁夏、浙江、重庆市等地区收入为0~1999元老年人，甘肃收入为2000~9999元老年人，宁夏收入为10000~29999元老年人，黑龙江、湖南、青海、云南、重庆市等地区收入为30000~59999元老年人，安徽、甘肃、贵州、河南、吉林、内蒙古、山西、四川、天津、云南、重庆市等地区收入为60000元及以上老年人的社区参与得分，均为0.00000分，二者之差为1.03448分；分类别来看，在0~1999元这一类别，得分最高的是内蒙古(0.57143)，得分最低的是黑龙江、湖北、湖南、江西、宁夏、浙江、重庆市(0.00000)，二者之差为0.57143；在2000~9999元这一类别，得分最高的是福建(0.52174)，得分最低的是甘肃(0.00000)；二者之差为0.52174；在10000~29999元这一类别，得分最高的是福建(1.02857)，得分最低的是宁夏(0.00000)，二者之差为1.02857；在30000~59999元这一类别，得

分最高的是山东(1.03448)，得分最低的是黑龙江、湖南、青海、云南、重庆市(0.00000)，二者之差为1.03448；在60000元及以上这一类别，得分最高的是河北(0.75000)，得分最低的是安徽、甘肃、贵州、河南、吉林、内蒙古、山西、四川、天津、云南、重庆市(0.00000)，二者之差为0.75000。上述结果说明在收入30000~59999元这个类别上地区之间老年人社区参与得分的差异最大。

表6　　　　　　　　**地区层面老年人社区参与得分的经济状况差异**

	0~1999元	2000~9999元	10000~29999元	30000~59999元	60000元及以上
安徽	0.07407	0.07656	0.11429	0.03030	0.00000
北京	0.14286	0.16552	0.30000	0.26367	0.22449
福建	0.33333	0.52174	1.02857	0.18182	0.28571
甘肃	0.07143	0.00000	0.05556	0.20000	0.00000
广东	0.03226	0.24390	0.42188	0.27897	0.40984
广西	0.31579	0.42424	0.30556	0.25000	0.53704
贵州	0.12500	0.03030	0.07895	0.05155	0.00000
河北	0.17021	0.26471	0.30952	0.46875	0.75000
河南	0.24855	0.31746	0.37209	0.39623	0.00000
黑龙江	0.00000	0.00629	0.02463	0.00000	0.08696
湖北	0.00000	0.02459	0.09645	0.09231	0.50000
湖南	0.00000	0.02247	0.04762	0.00000	—
吉林	0.07273	0.01322	0.10484	0.04082	0.00000
江苏	0.01818	0.06731	0.03061	0.01575	0.05556
江西	0.00000	0.02174	0.06000	0.09375	0.05714
辽宁	0.03846	0.13333	0.16355	0.17094	0.11111
内蒙古	0.57143	0.17647	0.12821	0.12000	0.00000
宁夏	0.00000	0.04167	0.00000	0.25000	—
青海	0.11111	0.31818	0.19355	0.00000	—
山东	0.16854	0.28846	0.78788	1.03448	0.61111
山西	0.02326	0.15116	0.11628	0.08163	0.00000
陕西	0.21014	0.19298	0.68750	0.10526	0.44444

续表

	0~1999 元	2000~9999 元	10000~29999 元	30000~59999 元	60000 元及以上
上海	0. 11111	0. 08824	0. 20667	0. 18785	0. 30769
四川	0. 03086	0. 12245	0. 06198	0. 07229	0. 00000
天津	0. 25000	0. 15000	0. 11111	0. 12069	0. 00000
云南	0. 02186	0. 10000	0. 18750	0. 00000	0. 00000
浙江	0. 00000	0. 01724	0. 02721	0. 04167	0. 12500
重庆	0. 00000	0. 06154	0. 01299	0. 00000	0. 00000

注："—"为缺失值。

7. 地区层面老年人社区参与得分的健在子女子女数量差异

表 7 显示的是地区层面老年人社区参与得分的健在子女数量差异，结果显示：从总体上看，得分最高的是福建 1 个健在子女老年人的社区参与得分，为 0. 59091 分，得分最低的是北京、福建、广东、贵州、河南、黑龙江、湖北、湖南、吉林、江苏、辽宁、内蒙古、山东、山西、陕西、上海、四川、云南、浙江等地区 0 个健在子女老年人，湖南、内蒙古、宁夏、重庆市等地区 1 个健在子女，以及宁夏 2 个健在子女老人的社区参与得分，为 0. 00000 分，二者之差为 0. 59091 分；分类别来看，在 0 个健在子女这一类别，得分最高的是广西、青海、天津(0. 50000)，得分最低的是北京、福建、广东、贵州、河南、黑龙江、湖北、湖南、吉林、江苏、辽宁、内蒙古、山东、山西、陕西、上海、四川、云南、浙江(0. 00000)，二者之差为 0. 50000；在 1 个健在子女这一类别，得分最高的是福建(0. 59091)，得分最低的是湖南、内蒙古、宁夏、重庆市(0. 00000)；二者之差为 0. 59091；在 2 个健在子女这一类别，得分最高的是广西(0. 48387)，得分最低的是宁夏(0. 00000)，二者之差为 0. 48387；在 3 个及以上健在子女这一类别，得分最高的是广西(0. 51163)，得分最低的是湖南(0. 00333)，二者之差为 0. 50830。上述结果说明在 1 个健在子女这个类别上地区之间老年人社区参与得分的差异最大。

表 7　　　　地区层面老年人社区参与得分的健在子女数量差异

	0 个	1 个	2 个	3 个及以上
安徽	—	0. 09091	0. 00971	0. 08015
北京	0. 00000	0. 29771	0. 17877	0. 10476
福建	0. 00000	0. 59091	0. 30435	0. 28000
甘肃	—	0. 25926	0. 08000	0. 06316
广东	0. 00000	0. 20859	0. 30128	0. 34500
广西	0. 50000	0. 19753	0. 48387	0. 51163
贵州	0. 00000	0. 07937	0. 03750	0. 04575
河北	—	0. 42222	0. 31193	0. 18248
河南	0. 00000	0. 31579	0. 30303	0. 23925
黑龙江	0. 00000	0. 01724	0. 03409	0. 02632
湖北	0. 00000	0. 01961	0. 08584	0. 05229
湖南	0. 00000	0. 00000	0. 03356	0. 00333
吉林	0. 00000	0. 07071	0. 06897	0. 02033
江苏	0. 00000	0. 05618	0. 01724	0. 03057
江西	—	0. 02632	0. 04730	0. 03321
辽宁	0. 00000	0. 13675	0. 11364	0. 19286
内蒙古	0. 00000	0. 00000	0. 19231	0. 21277
宁夏	—	0. 00000	0. 00000	0. 02326
青海	0. 50000	0. 10526	0. 13333	0. 21739
山东	0. 00000	0. 25287	0. 40455	0. 41418
山西	0. 00000	0. 03846	0. 08861	0. 08889
陕西	0. 00000	0. 26667	0. 35238	0. 17600
上海	0. 00000	0. 20455	0. 11111	0. 22491
四川	0. 00000	0. 05000	0. 05348	0. 07634
天津	0. 50000	0. 14070	0. 09924	0. 05263
云南	0. 00000	0. 09524	0. 05747	0. 04167
浙江	0. 00000	0. 08148	0. 02825	0. 01899
重庆	—	0. 00000	0. 01020	0. 02841

注：“—”为缺失值。

从总体上看，在地区层面老年人社区活动参与的得分上，最高分与最低分之间的差值最大的是“城乡类别”(2.50000)，差值最小的是“性别”(0.47445)，可以看出老年人在“城乡类别”指标上老年人社区活动参与得分差异最大，在“性别”指标上差异最小。

二、地区层面老年人媒体使用得分与人口学特征的交互分析

1. 地区层面老年人媒体使用得分的城乡差异

表8显示的是地区层面老年人媒体使用得分的城乡差异，结果显示：从总体上看，得分最高的是广东城市老年人的媒体使用得分，为9.03368分，得分最低的是黑龙江镇老年人的媒体使用得分，为1.60000分，二者之差为7.43368分；分类别来看，在城市这一类别，得分最高的是广东(9.03368)，得分最低的是安徽(2.40000)，二者之差为6.63368；在镇这一类别，得分最高的是广东(7.87500)，得分最低的是黑龙江(1.60000)；二者之差为6.27500；在农村这一类别，得分最高的是广东(8.55405)，得分最低的是宁夏(2.60784)，二者之差为5.94621。上述结果说明在城市这个类别上地区之间老年人媒体使用得分的差异最大。

表8　　地区层面老年人媒体使用得分的城乡差异

	城	镇	农村
安徽	2.40000	4.66667	2.95114
北京	7.59881	5.32000	—
福建	7.94382	7.69231	5.99010
甘肃	6.40000	3.60000	3.18667
广东	9.03368	7.87500	8.55405
广西	4.49138	5.20000	3.79283
贵州	3.18994	3.20000	2.67593
河北	6.71429	—	5.11558
河南	4.77670	3.08219	2.87730

续表

	城	镇	农村
黑龙江	6.92657	1.60000	3.85479
湖北	4.24214	4.00000	3.92937
湖南	3.69697	—	3.06024
吉林	5.86290	5.58333	4.00000
江苏	5.02521	3.22222	2.88186
江西	5.45622	3.92188	3.57207
辽宁	6.27714	3.40000	4.20000
内蒙古	2.80000	—	4.41333
宁夏	4.25000	—	2.60784
青海	3.55405	—	4.28000
山东	5.74098	5.00000	3.55172
山西	5.75145	5.15385	3.78431
陕西	3.29661	2.50000	3.78229
上海	4.49638	—	—
四川	3.05298	2.84000	2.74297
天津	7.90476	—	—
云南	4.24138	3.60000	2.63230
浙江	3.66048	—	3.02020
重庆	3.13333	3.16000	2.82090

注："—"为缺失值。

2. 地区层面老年人媒体使用得分的年龄差异

表9显示的是地区层面老年人媒体使用得分的年龄差异，结果显示：从总体上看，得分最高的是广东60~69岁老年人的媒体使用得分，为8.64378，得分最低的是广西80岁及以上老年人的媒体使用得分，为1.37500分，二者之差为7.26878分；分类别来看，在60~69岁这一类别，得分最高的是广东(8.64378)，得分最低的是四川(2.95745)，二者之差为5.68633；在70~79岁这一类别，得

分最高的是广东（8.25556），得分最低的是宁夏（2.65116）；二者之差为5.60440；在80岁及以上这一类别，得分最高的是广东(8.04959)，得分最低的是广西(1.37500)，二者之差为6.67459。上述结果说明在80岁及以上这个类别上地区之间老年人媒体使用得分的差异最大。

表9　　　　**地区层面老年人媒体使用得分的年龄差异**

	60~69岁	70~79岁	80岁及以上
安徽	3.08252	3.31250	2.62069
北京	8.12052	6.77976	5.91358
福建	7.66832	6.79167	2.57143
甘肃	3.76667	3.33898	3.76190
广东	8.64378	8.25556	8.04959
广西	4.13333	4.12950	1.37500
贵州	3.12258	2.90351	2.75000
河北	6.14208	5.01190	4.36667
河南	3.78495	3.47177	2.94872
黑龙江	5.63017	4.56296	4.43396
湖北	4.46594	3.60894	3.14000
湖南	3.57299	3.28859	2.57895
吉林	5.11290	4.97297	4.26829
江苏	4.08377	4.03415	3.38679
江西	4.62411	4.18243	4.17808
辽宁	6.39091	5.64394	5.25000
内蒙古	3.78571	3.26316	6.72727
宁夏	4.41304	2.65116	2.00000
青海	3.27907	4.05714	4.14286
山东	5.11986	4.45540	3.78495
山西	5.44595	4.64815	4.37500
陕西	3.81057	3.67460	2.39474
上海	4.62069	4.37209	4.33333

续表

	60~69岁	70~79岁	80岁及以上
四川	2.95745	2.94444	2.72727
天津	8.54286	7.01754	6.52500
云南	3.12500	3.05036	2.47059
浙江	3.65865	3.48765	3.33019
重庆	3.10692	2.97000	2.14286

3. 地区层面老年人媒体使用得分的性别差异

表10显示的是地区层面老年人媒体使用得分的性别差异，结果显示：从总体上看，得分最高的是广东男性老年人的媒体使用得分，为8.55172，得分最低的是云南女性老年人的媒体使用得分，为2.68293分，二者之差为5.86879分；分类别来看，在男性这一类别，得分最高的是广东(8.55172)，得分最低的是重庆市(2.94479)，二者之差为5.60693；在女性这一类别，得分最高的是广东(8.21245)，得分最低的是云南(2.68293)；二者之差为5.52952；上述结果说明在男性这个类别上地区之间老年人媒体使用得分的差异最大。

表10　**地区层面老年人媒体使用得分的性别差异**

	男	女
安徽	3.32178	2.87864
北京	7.59794	7.28532
福建	7.39286	7.13139
甘肃	3.54000	3.74000
广东	8.55172	8.21245
广西	4.09709	4.04972
贵州	3.02649	2.97945
河北	5.72892	5.53435
河南	3.96023	2.97628
黑龙江	5.41837	5.02899

续表

	男	女
湖北	4.38487	3.79795
湖南	3.56327	3.16170
吉林	5.24291	4.76587
江苏	4.17105	3.70438
江西	5.02691	3.95357
辽宁	6.82143	5.22549
内蒙古	3.74074	4.32609
宁夏	3.78846	2.97872
青海	3.89831	3.50000
山东	4.84227	4.48754
山西	5.59524	4.58642
陕西	3.90948	3.22013
上海	4.64981	4.36271
四川	3.02817	2.79811
天津	8.31373	7.18056
云南	3.30928	2.68293
浙江	3.80882	3.31618
重庆	2.94479	2.90580

4. 地区层面老年人媒体使用得分的婚姻状况差异

表11显示的是地区层面老年人媒体使用得分的婚姻状况差异，结果显示：从总体上看，得分最高的是辽宁未婚老年人的媒体使用得分，为10.33333，得分最低的是河北、云南离婚老年人的媒体使用得分，为0.00000分，二者之差为10.33333分；分类别来看，在已婚有配偶这一类别，得分最高的是广东(8.45333)，得分最低的是重庆市(3.01914)，二者之差为5.43419；在丧偶这一类别，得分最高的是广东(8.20805)，得分最低的是云南(2.54667)；二者之差为5.66138；在离婚这一类别，得分最高的是青海(9.00000)，得分最低的是河

北、云南(0.00000)，二者之差为9.00000；在未婚这一类别，得分最高的是辽宁(10.33333)，得分最低的是江苏(0.50000)，二者之差为9.83333。上述结果说明在未婚这个类别上地区之间老年人媒体使用得分的差异最大。

表11　　地区层面老年人媒体使用得分的婚姻状况差异

	已婚有配偶	丧偶	离婚	未婚
安徽	3.23827	2.82400	1.50000	2.75000
北京	7.59420	6.77778	7.42857	—
福建	7.47232	5.70588	—	—
甘肃	3.57042	3.76923	2.50000	5.00000
广东	8.45333	8.20805	7.50000	9.00000
广西	4.26962	3.70000	3.57143	2.92593
贵州	3.07071	2.87629	2.50000	—
河北	6.08333	4.56962	0.00000	1.00000
河南	3.89512	2.88710	2.00000	1.37500
黑龙江	5.56306	4.44295	6.50000	3.50000
湖北	4.37471	3.33537	5.50000	5.33333
湖南	3.47472	3.05833	3.00000	—
吉林	5.13761	4.68944	5.71429	5.25000
江苏	4.22917	3.32298	3.00000	0.50000
江西	4.51733	4.10569	6.75000	2.00000
辽宁	6.24242	5.17708	5.25000	10.33333
内蒙古	3.83099	4.50000	3.00000	—
宁夏	3.75714	2.55172	—	—
青海	3.75362	3.51724	9.00000	—
山东	5.02657	3.92614	4.00000	2.85714
山西	5.31863	4.22500	6.25000	—
陕西	3.81818	3.23622	—	—
上海	4.56404	4.34043	3.40000	—
四川	3.07772	2.62069	2.16667	2.33333

续表

	已婚有配偶	丧偶	离婚	未婚
天津	8.18210	6.60870	8.20000	6.00000
云南	3.27530	2.54667	0.00000	1.00000
浙江	3.65635	3.20134	5.00000	6.00000
重庆	3.01914	2.69048	5.00000	1.80000

注："—"为缺失值。

5. 地区层面老年人媒体使用得分的受教育程度差异

表 12 显示的是地区层面老年人媒体使用得分的受教育程度差异，结果显示：从总体上看，得分最高的是宁夏初中学历老年人的媒体使用得分，为 13.00000 分，得分最低的是宁夏小学及以下学历老年人的媒体使用得分，为 1.50000 分，二者之差为 11.50000 分；分类别来看，在小学及以下这一类别，得分最高的是福建(7.33728)，得分最低的是宁夏(1.50000)，二者之差为 5.83728；在初中这一类别，得分最高的是宁夏(13.00000)，得分最低的是甘肃、四川、重庆市(3.00000)；二者之差为 10.00000；在高中及以上这一类别，得分最高的是福建(10.25000)，得分最低的是贵州(2.94444)，二者之差为 7.30556。上述结果说明在初中这个类别上地区之间老年人媒体使用得分的差异最大。

表 12　　地区层面老年人媒体使用得分的受教育程度差异

	小学及以下	初中	高中及以上
安徽	2.77457	3.40909	4.54545
北京	5.97143	7.60843	8.26316
福建	7.33728	8.50000	10.25000
甘肃	3.31818	3.00000	3.83333
广东	6.00000	5.80000	7.50000
广西	—	—	—
贵州	3.01667	3.26829	2.94444

续表

	小学及以下	初中	高中及以上
河北	5.50649	6.40000	8.10000
河南	2.86207	4.67778	4.66667
黑龙江	5.32773	6.79310	8.93333
湖北	3.83710	5.73016	5.56250
湖南	3.35238	3.94118	5.00000
吉林	4.22026	5.69444	7.71186
江苏	3.55556	5.18750	5.53333
江西	3.49286	5.72222	6.28571
辽宁	4.49624	6.25191	7.76563
内蒙古	3.60000	7.50000	4.00000
宁夏	1.50000	13.00000	9.50000
青海	5.44444	3.25000	4.50000
山东	4.21348	5.74194	8.10000
山西	3.98837	6.73077	8.33333
陕西	3.16022	4.91304	5.52632
上海	4.08696	4.72727	3.44000
四川	2.77108	3.00000	3.66667
天津	6.09524	7.94382	9.92857
云南	3.25000	5.61538	7.00000
浙江	3.12097	4.22973	4.85714
重庆	2.58696	3.00000	—

注：“—”为缺失值。

6. 地区层面老年人媒体使用得分的经济状况差异

表13显示的是地区层面老年人媒体使用得分的经济状况差异，结果显示：从总体上看，得分最高的是天津收入为60000元及以上老年人的媒体使用得分，为10.27273，得分最低的是宁夏收入为0～1999元老年人的媒体使用得分，为

1.75000分，二者之差为8.52273分；分类别来看，在0~1999元这一类别，得分最高的是北京(7.00000)，得分最低的是宁夏(1.75000)，二者之差为5.25000；在2000~9999元这一类别，得分最高的是北京(7.96552)，得分最低的是贵州(2.63636)；二者之差为5.32916；在10000~29999元这一类别，得分最高的是北京(7.60000)，得分最低的是四川(2.88430)，二者之差为4.71570；在30000~59999元这一类别，得分最高的是广东(9.48069)，得分最低的是重庆市(2.81818)，二者之差为6.66251；在60000元及以上元这一类别，得分最高的是天津(10.27273)，得分最低的是内蒙古(3.25000)，二者之差为7.02273；上述结果说明在60000元及以上这个类别上地区之间老年人媒体使用得分的差异最大。

表13 **地区层面老年人媒体使用得分的经济状况差异**

	0~1999元	2000~9999元	10000~29999元	30000~59999元	60000元及以上
安徽	2.38889	2.70813	4.00000	3.93939	4.14286
北京	7.00000	7.96552	7.60000	7.09968	7.69388
福建	5.83333	5.47826	6.75714	9.00000	6.28571
甘肃	3.28571	3.54839	3.27778	5.00000	3.50000
广东	5.09677	7.07317	7.09375	9.48069	9.60656
广西	3.78947	3.72727	4.19444	7.50000	3.74074
贵州	3.87500	2.63636	2.89474	3.22680	3.66667
河北	4.23404	5.86765	6.23810	7.50000	9.00000
河南	3.08671	3.31746	4.34109	5.39623	3.33333
黑龙江	4.21429	3.63522	6.58128	6.82353	5.86957
湖北	3.73913	4.22951	4.15736	4.93846	6.25000
湖南	3.00000	3.28090	3.34524	4.87500	—
吉林	4.49091	4.52863	5.59677	6.87755	9.66667
江苏	2.67273	2.88462	4.45918	5.12598	6.72222
江西	2.60870	3.58696	4.16000	6.40625	3.60000
辽宁	4.19231	4.00000	5.09813	7.91453	9.16667
内蒙古	2.00000	4.11765	4.38462	4.12000	3.25000

续表

	0~1999元	2000~9999元	10000~29999元	30000~59999元	60000元及以上
宁夏	1. 75000	3. 00000	4. 60000	8. 25000	—
青海	3. 66667	3. 50000	4. 25806	3. 25000	—
山东	3. 57303	3. 50962	6. 03030	7. 82759	7. 94444
山西	3. 53488	3. 97674	6. 67442	8. 04082	6. 20000
陕西	3. 13768	3. 57895	3. 59375	5. 42105	6. 55556
上海	5. 13333	4. 89706	4. 71333	4. 05525	3. 80769
四川	2. 77160	2. 67347	2. 88430	3. 51807	3. 33333
天津	4. 56250	7. 00000	7. 07407	8. 02069	10. 27273
云南	2. 64481	3. 40000	4. 93750	4. 29630	3. 33333
浙江	2. 50000	3. 29310	3. 01361	3. 74074	4. 87500
重庆	2. 75207	3. 18462	3. 16883	2. 81818	8. 00000

注：“—”为缺失值。

7. 地区层面老年人媒体使用得分的健在子女数量差异

表14显示的是地区层面老年人媒体使用得分的健在子女数量差异，结果显示：从总体上看，得分最高的是吉林拥有0个健在子女老年人的媒体使用得分，为9. 00000，得分最低的是上海拥有0个健在子女老年人，宁夏拥有1个健在子女老年人的媒体使用得分，为2. 00000分，二者之差为7. 00000分；分类别来看，在0个健在子女这一类别，得分最高的是吉林(9. 00000)，得分最低的是上海(2. 00000)，二者之差为7. 00000；在1个健在子女这一类别，得分最高的是天津(8. 60302)，得分最低的是宁夏(2. 00000)；二者之差为6. 60302；在2个健在子女这一类别，得分最高的是广东(8. 19872)，得分最低的是宁夏(2. 33333)，二者之差为5. 86539；在3个及以上健在子女这一类别，得分最高的是广东(8. 95500)，得分最低的是云南(2. 82292)，二者之差为6. 13208。上述结果说明在拥有1个健在子女这个类别上地区之间老年人媒体使用得分的差异最大。

表 14　　地区层面老年人媒体使用得分的健在子女数量差异

	0 个	1 个	2 个	3 个及以上
安徽	—	3. 54545	3. 24272	3. 01527
北京	7. 50000	8. 06107	7. 15642	6. 06667
福建	6. 57143	7. 45455	7. 20290	6. 84000
甘肃	—	3. 70370	3. 68000	3. 51579
广东	3. 00000	7. 87730	8. 19872	8. 95500
广西	4. 50000	3. 88889	4. 53226	4. 95349
贵州	6. 00000	3. 20635	3. 01250	2. 89542
河北	—	7. 06667	5. 92661	5. 02920
河南	3. 00000	3. 66667	3. 93333	3. 42204
黑龙江	3. 00000	5. 98276	6. 00379	4. 45865
湖北	8. 00000	4. 37255	4. 41631	3. 76471
湖南	5. 00000	4. 43333	3. 55705	3. 16000
吉林	9. 00000	6. 31313	5. 20690	4. 34146
江苏	7. 00000	5. 41573	3. 87356	3. 38428
江西	—	5. 14474	4. 85135	4. 06273
辽宁	8. 00000	7. 00000	6. 03030	5. 00714
内蒙古	4. 00000	3. 52381	3. 92308	4. 29787
宁夏	—	2. 00000	2. 33333	3. 56977
青海	2. 50000	3. 05263	3. 96667	3. 95652
山东	5. 00000	4. 78161	5. 03182	4. 43657
山西	—	6. 96154	5. 60759	4. 56111
陕西	3. 50000	4. 20000	3. 65714	3. 54800
上海	2. 00000	3. 82955	4. 46914	4. 69550
四川	—	2. 93571	2. 95722	2. 88168
天津	8. 50000	8. 60302	7. 72519	5. 68421
云南	—	3. 14286	3. 58621	2. 82292
浙江	3. 00000	3. 80741	3. 64407	3. 15823
重庆	—	2. 80000	3. 04082	2. 90341

注：“—”为缺失值。

从总体上看，在地区层面老年人媒体使用的得分上，最高分与最低分之间的差值最大的是“受教育程度”(11.50000)，差值最小的是“性别”(5.86879)，可以看出老年人在“受教育程度”指标上老年人媒体使用得分差异最大，在“性别”指标上差异最小。

第二节　地区层面老年人社会参与的聚类分析

一、地区层面老年人社区参与和媒体使用各指标的描述性分析

1. 地区层面老年人社区参与各指标得分

表15显示的是28个地区社区参与的7个指标得分情况。结果显示：第一，从D18-1到D18-7上看，所有的7个指标中平均得分最高的是D18-5是否参加过陪同聊天。第二，分类别来看，D18-1指标上，得分最高的是北京，其次是广东和河北；D18-2指标上，得分最高的是福建，其次是广东和河北；D18-3指标上，得分最高的是辽宁，其次是福建和山东；D18-4指标上，得分最高的是福建，其次是河北和山东；D18-5指标上，得分最高的是广西，其次是福建和山东；D18-6指标上，得分最高的是河南，其次是内蒙古和山东；D18-7指标上，得分最高的是广西，其次是甘肃和河南。

表15　　**28个地区老年人社区参与各指标得分情况**

	D18-1	D18-2	D18-3	D18-4	D18-5	D18-6	D18-7
安徽	0.00980	0.00980	0.01471	0.00735	0.01716	0.00000	0.00245
北京	0.18165	0.01259	0.01079	0.00180	0.00899	0.00540	0.00540
福建	0.04262	0.04262	0.08197	0.08197	0.15082	0.00328	0.03934
甘肃	0.02000	0.00000	0.01000	0.00500	0.01500	0.00000	0.04500
广东	0.05805	0.03184	0.04494	0.01124	0.09363	0.00749	0.04120
广西	0.01550	0.02326	0.01292	0.01550	0.15762	0.00258	0.10336
贵州	0.00000	0.00000	0.01347	0.01010	0.03367	0.00000	0.00000

续表

	D18-1	D18-2	D18-3	D18-4	D18-5	D18-6	D18-7
河北	0.05387	0.02357	0.06397	0.04377	0.06734	0.00337	0.00673
河南	0.00661	0.02314	0.03471	0.04132	0.03802	0.05455	0.06281
黑龙江	0.00167	0.00501	0.00668	0.00000	0.01002	0.00167	0.00334
湖北	0.01174	0.00671	0.01174	0.01174	0.00503	0.00671	0.00839
湖南	0.00000	0.00000	0.00208	0.00208	0.00625	0.00208	0.00000
吉林	0.00200	0.00000	0.00802	0.00601	0.02204	0.00200	0.00401
江苏	0.00199	0.00797	0.00797	0.00199	0.00398	0.00199	0.00398
江西	0.01193	0.00199	0.00000	0.00000	0.01193	0.00398	0.00596
辽宁	0.03250	0.00000	0.11250	0.00250	0.00500	0.00000	0.00250
内蒙古	0.00000	0.01000	0.03000	0.02000	0.06000	0.02000	0.01000
宁夏	0.00000	0.00000	0.01010	0.01010	0.00000	0.00000	0.00000
青海	0.00000	0.00000	0.02020	0.01010	0.09091	0.01010	0.04040
山东	0.03010	0.02174	0.07191	0.06689	0.13880	0.01171	0.03344
山西	0.00000	0.00694	0.02431	0.01389	0.02778	0.00000	0.00347
陕西	0.00767	0.02302	0.06394	0.02046	0.07161	0.01023	0.02813
上海	0.03442	0.01268	0.01993	0.02174	0.06703	0.00543	0.02536
四川	0.01498	0.00166	0.00499	0.00499	0.03661	0.00000	0.00000
天津	0.01253	0.01003	0.02256	0.01754	0.03509	0.00501	0.01003
云南	0.00251	0.01253	0.00251	0.01003	0.00501	0.00000	0.01504
浙江	0.00840	0.00210	0.01050	0.00420	0.00840	0.00420	0.00210
重庆	0.00000	0.00000	0.01329	0.00332	0.00000	0.00332	0.00000
均值	0.02328	0.01098	0.02537	0.01578	0.04106	0.00654	0.01778

注：D18-1 是否参加过社区治安巡逻；D18-2 是否参加过照料其他老人(如帮助购物、起居照料等)；D18-3 是否参加过环境卫生保护；D18-4 是否参加过调解纠纷；D18-5 是否参加过陪同聊天；D18-6 是否参加过需要专业技术的志愿服务(如义诊)；D18-7 是否参加过帮助照看其他人家的小孩。值域都为 0~1 分，具体赋值方法详见第二章。

2. 地区层面老年人媒体使用各指标得分

表16显示的是28个地区老年人媒体使用的6个指标得分情况。结果显示：第一，从总体上看，所有的6个指标中平均得分最高的是D22-4电视，其次是D22-3广播和D22-1报纸。第二，分类别来看，D22-1指标上，得分最高的是广东，其次是福建和天津；D22-2指标上，得分最高的是福建，其次是广东和河北；D22-3指标上，得分最高的是福建，其次是黑龙江和天津；D22-4指标上，得分最高的是天津，其次是北京和辽宁；D22-5指标上，得分最高的是广东，其次是北京和天津；D22-6指标上，得分最高的是福建，其次是北京和广东。

表16　**28个地区老年人媒体使用各指标得分情况**

	D22-1	D22-2	D22-3	D22-4	D22-5	D22-6
安徽	0.14461	0.09069	0.04657	2.64461	0.05637	0.11520
北京	1.14928	0.38849	0.85612	3.23741	1.28957	0.47302
福建	1.32459	0.90820	1.33770	2.29508	0.86557	0.54426
甘肃	0.26500	0.08000	0.23500	2.97500	0.07500	0.01000
广东	1.73034	0.79401	1.08240	3.02060	1.29026	0.46067
广西	0.72868	0.30749	0.45995	2.41602	0.10336	0.05943
贵州	0.08081	0.03030	0.07744	2.70707	0.08418	0.02357
河北	0.80135	0.60606	1.09428	2.32660	0.55556	0.25926
河南	0.37851	0.29587	0.42975	2.32893	0.07107	0.04463
黑龙江	0.62270	0.19032	1.32888	3.07679	0.05509	0.01002
湖北	0.42450	0.13758	0.16779	3.18624	0.15772	0.02349
湖南	0.10833	0.03750	0.06250	3.02292	0.12708	0.00833
吉林	0.60721	0.11824	1.04409	2.97595	0.24248	0.01403
江苏	0.58566	0.26494	0.32470	2.58566	0.12151	0.03386
江西	0.42744	0.25845	0.35586	3.11332	0.18091	0.09344
辽宁	0.77750	0.31250	1.03250	3.27250	0.49750	0.11500
内蒙古	0.74000	0.27000	0.38000	2.49000	0.11000	0.02000
宁夏	0.26263	0.16162	0.47475	2.21212	0.17172	0.12121

续表

	D22-1	D22-2	D22-3	D22-4	D22-5	D22-6
青海	0. 32323	0. 05051	0. 12121	3. 01010	0. 19192	0. 04040
山东	0. 61371	0. 38462	0. 64214	2. 53512	0. 28763	0. 21237
山西	0. 54167	0. 38542	0. 55903	2. 90972	0. 35764	0. 27431
陕西	0. 29412	0. 15090	0. 48849	2. 58312	0. 05882	0. 05371
上海	0. 53986	0. 29710	0. 40761	2. 68841	0. 39493	0. 16848
四川	0. 05324	0. 03161	0. 10150	2. 67720	0. 04160	0. 00166
天津	1. 43860	0. 31579	1. 10777	3. 55890	1. 25815	0. 22556
云南	0. 14286	0. 07519	0. 30075	2. 44361	0. 02506	0. 00000
浙江	0. 39286	0. 09664	0. 08403	2. 85084	0. 06933	0. 03361
重庆	0. 05980	0. 05648	0. 13289	2. 61462	0. 02658	0. 03654
均值	0. 57441	0. 25874	0. 54721	2. 81048	0. 32970	0. 12684

注：使用以下媒体的情况：D22-1 报纸；D22-2 杂志；D22-3 广播；D22-4 电视；D22-5 互联网(包括手机上网)；D22-6 手机定制消息。值域都为 0~4 分，具体赋值方法详见第二章。

3. 地区层面老年人社区参与、媒体使用和社会参与总体的描述

(1)地区层面老年人社区参与总体的平均得分

表 17 显示的是地区层面老年人社区参与的平均得分，并按照平均得分的高低进行了排序。具体情况如下：28 个地区社区参与的平均得分是 0. 14123，标准差是 0. 48726；有 13 个地区的平均得分在 0. 1 分以上，有 6 个地区的得分在 0. 05~0. 1 分之间，有 9 个地区的得分在 0. 05 分以下；得分最高的是福建，平均分为 0. 44262，其次是山东，平均分为 0. 37458；得分最低的是湖南，平均分为 0. 01250；12 个地区的平均得分在均值以上。表 17 还显示了 28 个地区社区参与得分的标准差，结果显示：宁夏的标准差最小，为 0. 14141，其次是湖南，为 0. 15778，说明在宁夏内部，老年人之间在社区参与上的差异性最小，其次是湖南；山东的标准差最大，为 0. 89676，说明在该省份内部，老年人之间在社区参与上的差异性最大。上述结果说明，总体而言山东的平均得分较高但差异性也较大，说明在地区层面山东的老年人在社区参与指标上状况较好，但内部差异性

很大。

表 17　　地区层面老年人社区参与平均得分排序

排序	地区	社区参与平均得分	社区参与标准差
1	福建	0. 44262	0. 82567
2	山东	0. 37458	0. 89676
3	广西	0. 33592	0. 62407
4	广东	0. 28839	0. 67325
5	河北	0. 26263	0. 67663
6	河南	0. 26116	0. 60179
7	陕西	0. 22762	0. 73160
8	北京	0. 22662	0. 52581
9	上海	0. 18659	0. 52829
10	青海	0. 17172	0. 45267
11	辽宁	0. 15500	0. 36921
12	内蒙古	0. 15000	0. 51981
13	天津	0. 11278	0. 34701
14	甘肃	0. 09500	0. 31058
15	山西	0. 08333	0. 30099
16	四川	0. 06323	0. 32557
17	湖北	0. 06208	0. 32976
18	安徽	0. 06127	0. 32680
19	贵州	0. 05724	0. 29653
20	云南	0. 04762	0. 26569
21	吉林	0. 04409	0. 23297
22	浙江	0. 03992	0. 38455
23	江西	0. 03579	0. 18594
24	江苏	0. 02988	0. 18176

续表

排序	地区	社区参与平均得分	社区参与标准差
25	黑龙江	0.02838	0.23319
26	宁夏	0.02020	0.14141
27	重庆	0.01993	0.16207
28	湖南	0.01250	0.15778
整体均值		0.14123	
整体标准差			0.48726

(2)地区层面老年人媒体使用总体的平均得分

表18显示的是地区层面老年人媒体使用的平均得分，并按照平均得分的高低进行了排序。具体情况如下：表18显示的是地区层面媒体使用的平均得分，并按照平均得分的高低进行了排序。具体情况如下：28个地区媒体使用的平均得分是4.64737，标准差是3.01109；有9个地区的平均得分在5分以上，有6个地区的平均得分在4~5分之间，有10个地区的平均得分在3~4分之间，有3个地区的得分在3分以下；得分最高的是广东，平均分为8.37828，得分最低的是四川，平均分为2.90682；10个地区的平均得分在均值以上。表18还显示了28个地区媒体使用得分的标准差，结果显示：贵州的标准差最小，为1.15518，说明在该省份内部，老年人之间在媒体使用上的差异性最小；广东的标准差最大，为3.53953，说明在该省份内部，老年人之间在媒体使用上的差异性最大。

通过比较社区参与和媒体使用的平均得分发现：第一，大部分地区的社区参与和媒体使用平均得分的排序都不一致，其中差异比较大有：黑龙江(社区参与排序比媒体使用低18位)、河南(社区参与排序比媒体使用高14位)、吉林(社区参与排序比媒体使用低12位)、陕西(社区参与排序比媒体使用高12位)、四川(社区参与排序比媒体使用高12位)、天津(社区参与排序比媒体使用低11位)、内蒙古(社区参与排序比媒体使用低11位)、甘肃(社区参与排序比媒体使用低11位)；第二，媒体使用情况的值域和平均值比社区参与大，在标准差上前者也比后者大，这说明在地区之间老年人的社区参与差异比媒体使用差异小。

表 18　　地区层面老年人媒体使用平均得分排序

排序	地区	媒体使用平均得分	媒体使用标准差
1	广东	8. 37828	3. 53953
2	天津	7. 90476	2. 92897
3	北京	7. 39388	3. 11946
4	福建	7. 27541	3. 13347
5	辽宁	6. 00750	3. 04642
6	河北	5. 64310	3. 35116
7	黑龙江	5. 28381	2. 82717
8	山西	5. 02778	3. 27368
9	吉林	5. 00200	2. 59014
10	山东	4. 67559	3. 22601
11	上海	4. 49638	3. 20333
12	江西	4. 42942	2. 56829
13	湖北	4. 09732	1. 89929
14	广西	4. 07494	2. 51257
15	内蒙古	4. 01000	2. 86918
16	江苏	3. 91633	2. 66660
17	青海	3. 73737	2. 16458
18	甘肃	3. 64000	1. 67464
19	陕西	3. 62916	2. 27767
20	河南	3. 54876	2. 10715
21	浙江	3. 52731	1. 40274
22	宁夏	3. 40404	2. 64929
23	湖南	3. 36667	1. 49562
24	安徽	3. 09804	2. 14584
25	贵州	3. 00337	1. 15518
26	云南	2. 98747	2. 15536
27	重庆	2. 92691	1. 83702
28	四川	2. 90682	1. 32588
整体均值		4. 64737	
整体标准差			3. 01109

(3)地区层面老年人社会参与总体的平均得分

表19显示的是地区层面老年人社会参与状况整体(社区参与和媒体使用得分之和)的平均得分，并按照平均得分的高低进行了排序。具体情况如下：28个地区社会参与的平均得分是4.78860，标准差是3.14420；有10个地区的平均得分在5分以上，有5个地区的平均得分在4~5分之间，有11个地区的平均得分在3~4分之间，有2个地区的平均得分在3分以下；得分最高的是广东，平均分为8.66667，得分最低的是重庆市，平均分为2.94684；10个地区的平均得分在均值以上。表19还显示了28个地区社会参与状况得分的标准差，结果显示：贵州的标准差最小，为1.23424，说明在该省份内部，老年人之间在社会参与上的差异性最小；广东的标准差最大，为3.71869，说明在该省份内部，老年人之间在社会参与上的差异性最大。

从社会参与总体上看：第一，广东整体的老年人身体健康状况最好，重庆市整体的老年人社会参与状况最差；第二，排名前二位的地区(广东和天津)，标准差也相对较大；排名靠后的地区特别是平均得分在3分以下的地区(四川和重庆)，标准差也相对较小。

表19　　**地区层面老年人社会参与总体平均得分排序**

排序	地区	社会参与平均得分	社会参与的标准差
1	广东	8.66667	3.71869
2	天津	8.01754	2.93774
3	福建	7.71803	3.26553
4	北京	7.62050	3.21004
5	辽宁	6.16250	3.11615
6	河北	5.90572	3.56947
7	黑龙江	5.31219	2.84629
8	山西	5.11111	3.34458
9	山东	5.05017	3.71571
10	吉林	5.04609	2.63432
11	上海	4.68297	3.36943

续表

排序	地区	社会参与平均得分	社会参与的标准差
12	江西	4.46521	2.58987
13	广西	4.41085	2.68544
14	内蒙古	4.16000	2.97029
15	湖北	4.15940	1.98645
16	江苏	3.94622	2.68043
17	青海	3.90909	2.15753
18	陕西	3.85678	2.56304
19	河南	3.80992	2.30143
20	甘肃	3.73500	1.71449
21	浙江	3.56723	1.48455
22	宁夏	3.42424	2.72588
23	湖南	3.37917	1.50780
24	安徽	3.15931	2.17233
25	贵州	3.06061	1.23424
26	云南	3.03509	2.24252
27	四川	2.97005	1.44075
28	重庆	2.94684	1.85935
整体均值		4.78860	
整体标准差			3.14420

二、地区层面老年人社会参与的聚类分析

1. 地区层面老年人社会参与的聚类分析方法

社区参与维度 D18-1 到 D18-7 一共有 7 个测量指标，聚类分析基于这 7 个指标展开；媒体使用维度 D22-1 到 D22-6 一共有 6 个指标，聚类分析基于这 6 个指标展开。社会参与状况整体则将社区参与和媒体使用作为两个整体予以考察，聚类分析基于这 2 个指标展开。根据本研究地区层面的数据，即分析对象为 28 个

地区，聚类分析时使用 K-均值法，将 28 个省市分为三类(即类别数量采用事前确定的方法)。

2. 地区层面老年人社会参与的聚类分析结果

(1)老年人社区参与的聚类分析结果

社区参与的聚类分析结果详见表 20。结果显示：最高档第一档(聚类结果为 3)的地区有 7 个，分别是福建、广东、广西、河北、河南、山东和陕西；中间档第二档(聚类结果为 2)的地区有 1 个，是北京；最低档第三档(聚类结果为 1)的地区有 20 个，分别是安徽、甘肃、贵州、黑龙江、湖北、湖南、吉林、江苏、江西、辽宁、内蒙古、宁夏、青海、山西、上海、四川、天津、云南、浙江、重庆市。

(2)老年人媒体使用的聚类分析结果

媒体使用的聚类分析结果详见表 20。结果显示：最高档第一档(聚类结果为 3)的地区有 4 个，分别是、北京、福建、广东和天津；中间档第二档(聚类结果为 2)的地区有 4 个，分别是河北、黑龙江、辽宁和山西；最低档第三档(聚类结果为 1)的地区有 20 个，分别是安徽、甘肃、广西、贵州、河南、湖北、湖南、吉林、江苏、江西、内蒙古、宁夏、青海、山东、陕西、上海、四川、云南、浙江和重庆市。

(3)老年人社会参与状况总体的聚类分析结果

社会参与状况总体的聚类分析结果详见表 20。结果显示：最高档第一档(聚类结果为 3)的地区有 4 个，分别是北京、福建、广东和天津；中间档第二档(聚类结果为 2)的地区有 8 个，分别是河北、黑龙江、吉林、江西、辽宁、山东、山西和上海；最低档第三档(聚类结果为 1)的地区有 16 个，分别是安徽、甘肃、广西、贵州、河南、湖北、湖南、江苏、内蒙古、宁夏、青海、陕西、四川、云南、浙江和重庆市。

从表 20 的分析结果可以发现：第一，社区参与、媒体使用和社会参与状况总体都处在最高档的地区 2 个，是福建和广东；都处于中间档的没有，都处于最低档的有 13 个，分别是甘肃、贵州、湖北、湖南、江苏、内蒙古、宁夏、青海、四川、云南、浙江和重庆；还有 3 个地区的聚类结果在三个维度上存在差异，分别是北京、广西、河北、河南、黑龙江、吉林、江西、辽宁、山东、山西、陕西、上海和天津。

表 20　　　　**28 个地区老年人社会参与的聚类分析结果**

	社区参与聚类	媒体使用聚类	社会参与聚类
安徽	1	1	1
北京	2	3	3
福建	3	3	3
甘肃	1	1	1
广东	3	3	3
广西	3	1	1
贵州	1	1	1
河北	3	2	2
河南	3	1	1
黑龙江	1	2	2
湖北	1	1	1
湖南	1	1	1
吉林	1	1	2
江苏	1	1	1
江西	1	1	2
辽宁	1	2	2
内蒙古	1	1	1
宁夏	1	1	1
青海	1	1	1
山东	3	1	2
山西	1	2	2
陕西	3	1	1
上海	1	1	2
四川	1	1	1
天津	1	3	3
云南	1	1	1
浙江	1	1	1
重庆	1	1	1

第三节　地区层面老年人社会参与的影响因素分析

本节主要对28个地区的老年人社会参与状况的影响因素进行了分析(分析对象为地区，即样本量为28)，将社区参与得分，媒体使用得分和二者得分之和分别作为因变量，运用多元线性回归模型，考察地区层面的因素对三个得分的影响状况。

一、地区层面老年人社区参与的影响因素分析

1. 模型1

表21模型1纳入了“居民人均可支配收入”“总抚养比”“老年人口抚养比”等地区层面的影响因素，表格里是标准化回归系数。从模型1可以发现：三个变量均通过 $p<0.05$ 的显著性检验。上述结果说明：地区经济发展水平、人口年龄结构和抚养负担对老年人的社区参与水平有显著影响。

2. 模型2

表21模型2在模型1的基础上增加了“每千人卫生技术人员”“每千人口医疗卫生机构床位”“社区服务中心覆盖率”“每千老年人口养老床位数”等地区层面的影响因素。从模型2可以发现：除了“居民人均可支配收入”“老年人口抚养比”变量以外，其他变量均通过了 $p<0.05$ 的显著性检验。上述结果说明：在纳入了地区层面的卫生健康状况水平后，地区经济发展水平和人口年龄结构不再有显著影响。

3. 模型3

表21模型3为全模型，在模型2的基础上增加了“移动电话普及率”“互联网普及率”“每万人拥有公共交通车辆”“人均公园绿地面积”等地区层面的影响因素。从模型3可以发现：“总抚养比”“每千人口医疗卫生机构床位”“社区服务中心覆盖率”“互联网普及率”变量通过了 $p<0.05$ 的显著性检验，根据标准化回归

系数的绝对值可以看出，影响力最大的是“互联网普及率”(1.003)、其次是“总抚养比”(0.580)，“每千人口医疗卫生机构床位”最小(0.288)。

在加入了“移动电话普及率”“互联网普及率”“每万人拥有公共交通车辆”“人均公园绿地面积”等地区层面的影响因素之后，变量“每千人卫生技术人员”“每千老年人口养老床位数”由显著变为了不显著。同时，变量“总抚养比”的标准化回归系数绝对值变大了 0.202，“每千人口医疗卫生机构床位”的标准化回归系数绝对值变小了 0.124，“社区服务中心覆盖率”的标准化回归系数绝对值变大了 0.148。

模型 1 到模型 3，R 方呈上升趋势，其中模型 1 到模型 2 的 R 方变化幅度较小(增加了 18.8%)，模型 2 到模型 3 的 R 方变化幅度较大(增加了 23.6%)，将所有变量都纳入后，整体上对老年人社区参与的解释力是最高的，达到 59%。

表 21　　**地区层面老年人社区参与的影响因素分析**

	模型 1	模型 2	模型 3
居民人均可支配收入	0.456**	0.187	-0.477
总抚养比	0.367**	0.378**	0.580**
老年人口抚养比	-0.346**	-0.128	0.009
每千人卫生技术人员		0.514**	0.359
每千人口医疗卫生机构床位		-0.412**	-0.288**
社区服务中心覆盖率		-0.304**	-0.452**
每千老年人口养老床位数		-0.196**	-0.111
移动电话普及率			0.117
互联网普及率			1.003**
每万人拥有公共交通车辆			0.002
人均公园绿地面积			0.061
	$R^2=0.166$	$R^2=0.354$	$R^2=0.590$

注：**表示 $p<0.05$。

二、地区层面老年人媒体使用的影响因素分析

1. 模型 1

表 22 模型 1 纳入了“居民人均可支配收入”“总抚养比”“老年人口抚养比”的地区层面影响因素，表格里是标准化回归系数。从模型 1 可以发现：三个变量均通过 $p<0.05$ 的显著性检验。上述结果说明：地区经济发展水平、人口年龄结构和抚养负担对老年人的媒体使用情况有显著影响。

2. 模型 2

表 22 模型 2 在模型 1 的基础上增加了“每千人卫生技术人员”“每千人口医疗卫生机构床位”“社区服务中心覆盖率”“每千老年人口养老床位数”的影响因素。从模型 2 可以发现：“总抚养比”“每千人口医疗卫生机构床位”“社区服务中心覆盖率”“每千老年人口养老床位数”变量通过了 $p<0.05$ 的显著性检验。上述结果说明：地区层面的抚养负担、卫生健康水平和养老服务提供水平对老年人的媒体使用情况有显著影响。

3. 模型 3

表 22 模型 3 是全模型，在模型 2 的基础上增加了“移动电话普及率”“互联网普及率”“每万人拥有公共交通车辆”“人均公园绿地面积”等地区层面的影响因素。从模型 3 可以发现：“总抚养比”“每千人口医疗卫生机构床位”“每千老年人口养老床位数”“互联网普及率”“每万人拥有公共交通车辆”“人均公园绿地面积”变量通过了 $p<0.05$ 的显著性检验，根据标准化回归系数的绝对值可以看出，影响力最大的是“互联网普及率”(0.844)、其次是“每千老年人口养老床位数”(0.370)，“人均公园绿地面积”最小(0.203)。

在加入了“移动电话普及率”“互联网普及率”“每万人拥有公共交通车辆”“人均公园绿地面积”等地区层面的影响因素之后，变量“社区服务中心覆盖率”由显著变为了不显著。同时，变量“总抚养比”的标准化回归系数绝对值变小了 0.165，“每千人口医疗卫生机构床位”的标准化回归系数绝对值变小了 0.198，

“每千老年人口养老床位数”的标准化回归系数绝对值变小了 0.014。

模型 1 到模型 3，R 方呈上升趋势，其中模型 1 到模型 2 的 R 方变化幅度较大(增加了 29.1%)，模型 2 到模型 3 的 R 方变化幅度较小(增加了 20.1%)，将所有变量都纳入后，整体上对老年人媒体使用的解释力是最高的，达到 85.3%。

表 22　　**地区层面老年人媒体使用的影响因素分析**

	模型 1	模型 2	模型 3
居民人均可支配收入	0.391**	-0.063	-0.410
总抚养比	-0.250**	-0.439**	-0.274**
老年人口抚养比	-0.245**	0.065	0.083
每千人卫生技术人员		0.208	-0.007
每千人口医疗卫生机构床位		-0.533**	-0.335**
社区服务中心覆盖率		0.212**	0.047
每千老年人口养老床位数		-0.384**	-0.370**
移动电话普及率			-0.155
互联网普及率			0.844**
每万人拥有公共交通车辆			0.221**
人均公园绿地面积			0.203**
	$R^2=0.361$	$R^2=0.652$	$R^2=0.853$

注：**表示 $p<0.05$。

三、地区层面老年人社会参与整体的影响因素分析

1. 模型 1

表 23 模型 1 纳入了“居民人均可支配收入”“总抚养比”“老年人口抚养比”等地区层面的影响因素，表格里是标准化回归系数。从模型 1 可以发现：三个变量均通过 $p<0.05$ 的显著性检验。上述结果说明：地区经济发展水平、人口年龄结

构和抚养负担对老年人社会参与整体水平有显著影响。

2. 模型 2

表 23 模型 2 在模型 1 的基础上增加了“每千人卫生技术人员”“每千人口医疗卫生机构床位”“社区服务中心覆盖率”“每千老年人口养老床位数”等地区层面的影响因素。从模型 2 可以发现：“总抚养比”“每千人口医疗卫生机构床位”“社区服务中心覆盖率”“每千老年人口养老床位数”变量通过了 $p<0.05$ 的显著性检验。上述结果说明：地区层面的抚养负担、卫生健康水平和养老服务提供水平对老年人的社会参与整体水平有显著影响。

3. 模型 3

表 23 模型 3 是全模型，在模型 2 的基础上增加了“移动电话普及率”“互联网普及率”“每万人拥有公共交通车辆”“人均公园绿地面积”等地区层面的影响因素。从模型 3 可以发现：“总抚养比”“老年人口抚养比”“每千人口医疗卫生机构床位”“每千老年人口养老床位数”“互联网普及率”“每万人拥有公共交通车辆”“人均公园绿地面积”等变量通过了 $p<0.05$ 的显著性检验。根据标准化回归系数的绝对值可以看出，影响力最大的是“互联网普及率”(0.886)、其次是“每千老年人口养老床位数”(0.364)，“人均公园绿地面积”最小(0.200)。

在加入了“移动电话普及率”“互联网普及率”“每万人拥有公共交通车辆”“人均公园绿地面积”等地区层面的影响因素之后，变量“老年人口抚养比”由不显著变为了显著，“社区服务中心覆盖率”由显著变为了不显著。同时，变量“总抚养比”的标准化回归系数绝对值变小了 0174，“每千人口医疗卫生机构床位”的标准化回归系数绝对值变小了 0.199，“每千老年人口养老床位数”的标准化回归系数绝对值变小了 0.020。

模型 1 到模型 3，R 方呈上升趋势，其中模型 1 到模型 2 的 R 方变化幅度较大(增加了 28.7%)，模型 2 到模型 3 的 R 方变化幅度较小(增加了 21.6%)，将所有变量都纳入后，整体上对老年人整体社会参与的解释力是最高的，达到 85.2%。

表 23　　　　**地区层面老年人社会参与整体的影响因素分析**

	模型 1	模型 2	模型 3
居民人均可支配收入	0.410**	−0.047	−0.430
总抚养比	−0.213**	−0.394**	−0.220**
老年人口抚养比	−0.261**	0.053	0.081**
每千人卫生技术人员		0.239	0.020
每千人口医疗卫生机构床位		−0.543**	−0.344**
社区服务中心覆盖率		0.181**	0.012
每千老年人口养老床位数		−0.384**	−0.364**
移动电话普及率			−0.140
互联网普及率			0.886**
每万人拥有公共交通车辆			0.212**
人均公园绿地面积			0.200**
	$R^2=0.349$	$R^2=0.636$	$R^2=0.852$

注：**表示 $p<0.05$。

第九章　结论与讨论

本章首先对本书的研究结论与发现进行简单的汇总和总结，一是比较在个人层面，老年人在身体健康、心理认知和社会参与三个维度上，通过了显著性检验的影响因素，在数量、影响力大小和方向上的差异；二是比较在地区层面，不同地区的老年人在身体健康、心理认知和社会参与三个维度上，平均得分和聚类结果的差异，以及通过了显著性检验的影响因素，在数量、影响力大小和方向上的差异。

第一节　研究结论

一、个体层面的成功老龄化

1. 个体层面成功老龄化三个维度影响因素数量的比较

表1显示的是个体层面成功老龄化三个维度通过了显著性检验的影响因素数量的比较，具体如下：第一，从数量上来看，身体健康维度通过显著性检验的影响因素数量为7个，心理认知维度的数量为11个，社会参与维度的数量为14个，总体来看在个体层面社会参与维度通过显著性检验的影响因素数量最多；第二，从各影响因素上来看，年龄因素的“60~69岁”和“70~79岁”两个组别，受教育水平因素的“初中”组别，收入因素的“30000~59999元”“60000元及以上”两个组别，对老年人个体层面成功老龄化的三个维度都有显著影响，这一结果说明，老年人的年龄因素、受教育水平因素和收入因素，对成功老龄化的三个维度都有显著的影响。

表 1　　个体层面成功老龄化三个维度影响因素数量的比较

	身体健康	心理认知	社会参与
城		✓	✓
镇			✓
乡(参照组)			
60 到 69 岁	✓	✓	✓
70 到 79 岁	✓	✓	✓
80 岁及以上(参照组)			
男			✓
女(参照组)			
已婚有配偶			✓
丧偶			✓
离婚			✓
未婚(参照组)			
初中	✓	✓	✓
高中及以上		✓	✓
小学及以下(参照组)			
2000 到 9999 元	✓		
10000 到 29999 元	✓	✓	
30000 到 59999 元	✓	✓	✓
60000 元及以上	✓	✓	✓
0 到 1999 元(参照组)			
1 个子女		✓	
2 个子女		✓	✓
3 个及以上子女		✓	✓
0 个健在子女(参照组)			
总计	7 个	11 个	14 个

注：“✓”表示该变量有显著性影响。

2. 个体层面成功老龄化三个维度影响因素影响力大小的比较

表2显示的是个体层面成功老龄化三个维度，对通过了显著性检验的影响因素的影响力大小比较，具体如下：第一，在身体健康维度，影响力最大的是年龄因素，“60~69岁”“70~79岁”两个组别的影响力排在前两位，影响力最小的是受教育水平因素的“初中”组别；第二，在心理认知维度，影响力最大的是年龄因素中的“60~69岁”组别，其次是收入因素中的“30000~59999元”组别，影响力最小的同样是受教育水平因素的“初中”组别；第三，在社会参与维度，影响力最大的是婚姻状况因素中的“已婚有配偶”组别，其次是城乡因素中的“城”类别，影响力最小的是婚姻状况因素中的“离婚”组别。上述结果说明，在老年人的身体健康和心理认知维度上，年龄的影响力较大，受教育程度的影响力较小；在社会参与维度上，老年人婚姻状况的差异，对社会参与状况有较大影响。

表2　　个体层面成功老龄化三个维度影响因素影响力大小的比较

	身体健康	心理认知	社会参与
城		7	2
镇			13
乡(参照组)			
60到69岁	1	1	8
70到79岁	2	5	12
80岁及以上(参照组)			
男			11
女(参照组)			
已婚有配偶			1
丧偶			5
离婚			14
未婚(参照组)			
初中	7	11	10
高中及以上		10	6
小学及以下(参照组)			

续表

	身体健康	心理认知	社会参与
2000 到 9999 元	5		
10000 到 29999 元	3	9	
30000 到 59999 元	4	2	4
60000 元及以上	6	6	9
0 到 1999 元(参照组)			
1 个子女		3	
2 个子女		4	7
3 个及以上子女		7	3
0 个健在子女(参照组)			

注：根据多元线性回归模型中的标准化回归系数的绝对值，将通过显著性检验的各因素对老年人身体健康、心理认知和社会参与的影响力大小分别进行排序，分别用序号进行标示，序号数值越小代表排名越靠前即影响力越大。

3. 个体层面成功老龄化三个维度影响因素影响方向的比较

表 3 显示的是个体层面成功老龄化三个维度通过了显著性检验的影响因素影响方向的比较，具体如下：第一，在身体健康维度，7 个有显著性影响的因素都是正向影响；第二，在心理认知维度，11 个有显著性影响的因素都是正向影响；第三，在社会参与维度，在 14 个有显著性影响因素中，12 个是正向影响，2 个是负向影响。上述结果说明：老年人的人口学特征，对身体健康和心理认知的影响方向较为统一，都有积极的影响；而对社会参与的影响则更为复杂，积极和消极影响同时存在，但积极影响所占的比例更大。

表 3　　　　个体层面成功老龄化三个维度影响因素影响方向的比较

	身体健康	心理认知	社会参与
城		+	+
镇			+

续表

	身体健康	心理认知	社会参与
乡(参照组)			
60 到 69 岁	+	+	+
70 到 79 岁	+	+	+
80 岁及以上(参照组)			
男			+
女(参照组)			
已婚有配偶			+
丧偶			+
离婚			+
未婚(参照组)			
初中	+	+	+
高中及以上		+	+
小学及以下(参照组)			
2000 到 9999 元	+		
10000 到 29999 元	+	+	
30000 到 59999 元	+	+	+
60000 元及以上	+	+	+
0 到 1999 元(参照组)			
1 个子女		+	
2 个子女		+	-
3 个及以上子女		+	-
0 个健在子女(参照组)			

注："+"表示有显著性影响，且方向为正；"-"表示有显著性影响，且方向为负。

二、地区层面的成功老龄化

1. 地区层面成功老龄化三个维度得分排序的比较

表 4 显示的是地区层面成功老龄化三个维度得分排序的比较，具体如下：第

一，分维度来看，在身体健康维度，排名前三位的是浙江、广西和福建；在心理认知维度，排名前三位的是天津、辽宁和江苏；在社会参与维度排名前三位的是广东、天津和福建。第二，从总体上看，在三个维度上不同地区之间在平均得分排序上存在较大差异，其中差异比较大的地区有，安徽(身体健康5、心理认知26、社会参与24)，贵州(身体健康4、心理认知22、社会参与25)，天津(身体健康15、心理认知1、社会参与2)，浙江(身体健康1、心理认知17、社会参与21)。上述结果说明：从总体上来看在地区层面，老年人在成功老龄化三个维度上的得分存在较大差异。

表4 地区层面成功老龄化三个维度得分排序的比较

地区	身体健康	心理认知	社会参与
安徽	5	26	24
北京	11	5	4
福建	3	15	3
甘肃	16	25	20
广东	8	6	1
广西	2	4	13
贵州	4	22	25
河北	27	12	6
河南	23	21	19
黑龙江	6	18	7
湖北	17	23	15
湖南	14	10	23
吉林	21	7	10
江苏	13	3	16
江西	12	11	12
辽宁	19	2	5
内蒙古	7	16	14
宁夏	28	28	22
青海	10	20	17
山东	20	13	9

续表

地区	身体健康	心理认知	社会参与
山西	24	14	8
陕西	25	19	18
上海	18	9	11
四川	9	24	27
天津	15	1	2
云南	26	8	26
浙江	1	17	21
重庆	22	27	28

2. 地区层面成功老龄化三个维度聚类类别的比较

表 5 显示的是地区层面成功老龄化三个维度聚类类别的比较，具体如下：第一，分维度来看，在身体健康维度，三个类别的数量分别是最高档(聚类结果为3)19 个，中间挡(聚类结果为 2)8 个，最低档(聚类结果为 1)1 个；在心理认知维度，三个类别的数量分别是最高档(聚类结果为 3)5 个，中间挡(聚类结果为2)21 个，最低档(聚类结果为 1)2 个；在社会参与维度，三个类别的数量分别是最高档(聚类结果为 3)4 个，中间档(聚类结果为 2)8 个，最低档(聚类结果为 1)16 个。第二，从总体上看，在三个维度上不同地区之间在类别上存在较大差异，其中只有北京(三个维度都是类别 3)、河北(三个维度都是类别 2)、吉林(三个维度都是类别 2)、宁夏(三个维度都是类别 1)、山东(三个维度都是类别 2)、山西(三个维度都是类别 2)和天津(三个维度都是类别 3)这 7 个地区在三个维度上的类别是一致的。

表 5　　地区层面成功老龄化三个维度聚类类别的比较

地区	身体健康	心理认知	社会参与
安徽	3	2	1
北京	3	3	3
福建	3	2	3

续表

地区	身体健康	心理认知	社会参与
甘肃	3	2	1
广东	3	2	3
广西	3	3	1
贵州	3	2	1
河北	2	2	2
河南	2	2	1
黑龙江	3	2	2
湖北	3	2	1
湖南	3	2	1
吉林	2	2	2
江苏	3	3	1
江西	3	2	2
辽宁	3	3	2
内蒙古	3	2	1
宁夏	1	1	1
青海	3	2	1
山东	2	2	2
山西	2	2	2
陕西	2	2	1
上海	3	2	2
四川	3	2	1
天津	3	3	3
云南	2	2	1
浙江	3	2	1
重庆	2	1	1

3. 地区层面成功老龄化三个维度影响因素数量的比较

表6显示的是地区层面成功老龄化三个维度通过了显著性检验的影响因素数量的比较，具体如下：第一，从数量上来看，身体健康维度通过显著性检验的影

响因素数量为 5 个，心理认知维度的数量为 4 个，社会参与维度的数量为 7 个，总体来看在地区层面社会参与维度通过显著性检验的影响因素数量最多；第二，从各影响因素上来看，“每千人口医疗卫生机构床位”对地区层面的三个维度都有显著影响；“总抚养比”“老年人口抚养比”“社区服务中心覆盖率”“每千人老年人口养老床位数”和“互联网普及率”对其中的两个维度有显著影响；“移动电话普及率”、“每万人拥有公共交通车辆”和“人均公园绿地面积”只对一个维度有显著影响。上述结果说明：地区层面的医疗卫生状况对成功老龄化的三个维度都有显著的影响。

表 6　　　　地区层面成功老龄化三个维度影响因素数量的比较

	身体健康	心理认知	社会参与
居民人均可支配收入			
总抚养比		✓	✓
老年人口抚养比	✓		✓
每千人卫生技术人员			
每千人口医疗卫生机构床位	✓	✓	✓
社区服务中心覆盖率	✓	✓	
每千老年人口养老床位数	✓		✓
移动电话普及率		✓	
互联网普及率	✓		✓
每万人拥有公共交通车辆			✓
人均公园绿地面积			✓
总计	5 个	4 个	7 个

注：“✓”表示该变量有显著性影响。

4. 地区层面成功老龄化三个维度影响因素影响力大小的比较

表 7 显示的是地区层面成功老龄化三个维度通过了显著性检验的影响因素影响力大小的比较，具体如下：第一，在身体健康维度，影响力最大的是“互联网普及率”，其次是“社区服务中心覆盖率”；第二，在心理认知维度，影响力最大

的是“移动电话普及率”，其次是“每千人口医疗卫生机构床位”；第三，在社会参与维度，影响力最大的是“互联网普及率”，其次是“每千老年人口养老床位数”。从上述对三个维度分析结果的比较来看，在地区层面现代通讯技术设施的建设对老年人的成功老龄化有重要的影响。

表 7 地区层面成功老龄化三个维度影响因素影响力大小的比较

	身体健康	心理认知	社会参与
居民人均可支配收入			
总抚养比		4	4
老年人口抚养比	4		7
每千人卫生技术人员			
每千人口医疗卫生机构床位	4	2	3
社区服务中心覆盖率	2	3	
每千老年人口养老床位数	3		2
移动电话普及率		1	
互联网普及率	1		1
每万人拥有公共交通车辆			5
人均公园绿地面积			6

注：根据多元线性回归模型中的标准化回归系数的绝对值，将通过显著性检验的各因素对老年人身体健康、心理认知和社会参与的影响力大小分别进行排序，分别用序号进行标示，序号数值越小代表排名越靠前即影响力越大。

5. 地区层面成功老龄化三个维度影响因素影响方向的比较

表 8 显示的是地区层面成功老龄化三个维度影响因素影响方向的比较，具体如下：第一，在身体健康维度，在 5 个有显著性影响因素中，4 个是正向影响，1 个是负向影响；第二，在心理认知维度，4 个有显著性影响的因素都是负向影响；第三，在社会参与维度，在 7 个有显著性影响因素中，4 个是正向影响，3 个是负向影响。

表 8　　　　**地区层面成功老龄化三个维度影响因素影响方向的比较**

	身体健康	心理认知	社会参与
居民人均可支配收入			
总抚养比		-	-
老年人口抚养比	+		+
每千人卫生技术人员			
每千人口医疗卫生机构床位	-	-	-
社区服务中心覆盖率	+	-	
每千老年人口养老床位数	+		-
移动电话普及率		-	
互联网普及率	+		+
每万人拥有公共交通车辆			+
人均公园绿地面积			+

注：“+”表示有显著性影响，且方向为正；“-”表示有显著性影响，且方向为负。

第二节　若干讨论

本研究从个体层面和地区层面出发，对中国成功老龄化的现状进行了描述和分析，重点讨论了在这两个层面，老年人的身体健康、心理认知和社会参与三个维度的现状和影响因素，并得出来一些有价值的结果。但由于受到一系列因素的限制，有些部分还有待进一步的改进和完善。

第一，老年人的成功老龄化是一个复杂和多维度的概念，且在借鉴国外概念的基础上演化而来的，因而在界定和操作化的过程中，还有许多需要完善和改进的地方，即测量的全面性和科学性还有待后续研究进行进一步的验证。

第二，成功老龄化是个带有价值判断的概念，因而在不同的文化和价值体系中其评判标准是不同的，在中国这样一个注重儒家文化和家庭关系的社会中，成功老龄化的研究应该有着自身的特色和切入点。

第三，老年人的晚年生活不是一成不变的，随着年龄的增加和生活环境的变化而时刻发生着变化，因而对成功老龄化的描述和分析也需要从动态的角度进行考察，才能做到更准确。

参 考 文 献

中文文献

[1]陈天勇、李德明、李贵芸：高学历老年人心理健康状况及其相关因素[J]．中国心理卫生杂志，2003：11

[2]丁志宏：城市退休老人志愿服务参与现状及影响因素研究[J]．兰州学刊，2012：11

[3]高敏、李延宇：不同婚姻状况老年人心理抑郁程度的影响因素分析与差异分解[J]．老龄科学研究，2016：2

[4]耿德伟：多子多福？——子女数量对父母健康的影响[J]．南方人口，2013：3

[5]顾大男：婚姻对中国高龄老人健康长寿影响的性别差异分析[J]．中国人口科学，2003：3

[6]黄茂盛、洪震、曾军、周玢、金美华：上海市城乡老年人慢性病现状调查[J]．中华老年医学杂志，2001：4

[7]李宗华、高功敬：积极老龄化背景下城市老年人社会参与的实证研究[J]．学习与实践，2009：12

[8]陆杰华、郭冉：基于地区和社区视角下老年健康与不平等的实证分析[J]．人口学刊，2017：2

[9]栾文敬、韩福源：社会性别视角下城市老年人的社会参与[J]．老龄科学研究，2015：6

[10]明艳：我国人口健康水平区域间差异性与区域内不平衡性的聚类分析[J]．人口研究，2009：6

[11]孙博文、李雪松、伍新木，社会资本的健康促进效应研究[J]. 中国人口科学，2016：6

[12]唐丹、陈章明：相同生活背景下老年人心理健康的性别差异及年龄相关变化[J]. 中国老年学杂志，2011：1

[13]巫锡炜、肖珊珊：地区差异与我国居民主观幸福感[J]. 青年研究，2013：1

[14]吴振云、许淑莲、孙长华、吴志平、李娟、李川云：高龄老人的认知功能和心理健康[J]. 中国人口科学，2001年增刊

[15]曾毅、柳玉芝、萧振禹、张纯元：中国高龄老人的社会经济与健康状况[J]. 中国人口科学，2004年增刊

[16]张文娟、刘瑞平：中国老年人社会隔离的影响因素分析[J]. 人口研究，2016：5

[17]赵学雁、王伟军、万文玉：中国居民健康水平的区域差异：2003—2013[J]. 地理学报，2017：4

英文文献

[1]Aldwin, C. M. and Gilmer, D. F. Health, illness, and optimal aging: biological and psychosocial perspectives. Thousand Oaks, CA: Sage. 2004.

[2]Ball M. S. (2000) Ageing in Place: A Toolkit for Local Govern-ments. Community Housing Resource Center Press, Atlanta, GA.

[3]Bandura, A., Cioffi, D., Taylor, C. B., & Brouillard, M. E. (1988). Perceived self-efficacy in coping with cognitive stressors and opioid activities. Journal of Personality and Social Psychology, 55, 479-488.

[4]Barrett, G. and McGoldrick, C. Narratives of (in)active ageing in poor deprived areas of Liverpool. International Journal of Sociology and Social Policy, 33, 2013, 347-366.

[5]Berkman, L. F., Ertel, K. A., & Glymour, M. M. (2011). Aging and social intervention: Life course perspectives. In R. H. Binstock & L. K. George (Eds.), Handbook of aging and the social sciences (7th ed., pp. 337-351). Amsterdam: Elsevier.

[6] Bookwala, J. (2005). The role of marital quality in physical health during the mature years. Journal of Aging and Health, 17, 85-104. doi: 10.1177/0898264304272794.

[7] Bowling, A. and Iliffe, S. Which model of successful ageing should be used? Baseline findings from a British longitudinal survey of ageing. Age and Ageing, 2006; 35: 607-614.

[8] Caspi, A., Herbener, E., & Ozer, D. (1992). Shared experiences and the similarity of personalities: A longitudinal study of married couples. Journal of Personality and Social Psychology, 62, 281-291. doi: 10.1037/0022-3514.62.2.281.

[9] Cho, J., Martin, P. and Poon, L. W. The older they are the less successful they become? Findings from the Georgia Centenarian Study. Journal of Aging Research, 2012, 1-8.

[10] Glass, T. A., Seeman, T. E., Herzog, A. R., Kahn, R. L, & Berkman, L. F. (1995). Change in productive activity in late adulthood: MacArthur Studies of Successful Aging. Journal of Gerontology: Social Sciences, 50B, S65-S7.

[11] Havighurst, R. J. Successful aging. The Gerontologist, 1, 1961, 8-13.

[12] Hunt M. & Gunter-Hunt G. (1985) Naturally occurring retirement communities. Journal of Housing Elderly, 3, 3-21.

[13] Ko, K. J., Berg, C. A., Butner, J., Uchino, B. N., & Smith, T. W. (2007). Profiles of successful aging in middle-aged and older adult married couples. Psychology & Aging, 22, 705-718. doi: 10.1037/0882-7974.22.4.705.

[14] Krueger, N. F., Jr., & Dickson, P. R. (1993). Self-efficacy and perceptions of opportunities and threats. Psychological Reports, 72, 1235-1240.

[15] Marenberg, M., Risch, N., Berkman, L., Floderus, B., & deFaire, U. (1994). Genetic susceptibility to death from coronary heart disease in a study of twins. New England Journal of Medicine, 330, 1041-1046.

[16] M. Flood and K. Scharer. Creativity Enhancement for Successful Aging. Issues in Mental Health Nursing, 2006, 27: 939-959.

[17]Neufeld P. (2004) Focus groups with seniors in a naturally occurring retirement community: managing ageing con-ditions to enable ageing in place. The Gerontologist, 44 (1), 142.

[18]Rowe, J. W. and Kahn, R. L. Human aging: Usual and successful. Science, 237, 1987, 143-149.

[19]Rowe, J. W. and Kahn, R. L. Successful aging. The Gerontologist, 37, 1997, 433-440.

[20]Ruff, C. D. Beyond Ponce de Leon and life satisfaction: new directions in quest of successful aging. International Journal of Behavioral Development, 12 (1), 1989, 35-55.

[21]Seeman, T. E., Berkman, L. F., Blazer, D., & Rowe, J. W. (1994). Social ties and support and neuroendocrine function: The MacArthur Studies of Successful Aging. Annals of Behavioral Medicine, 76, 95-106.

[22] Seeman, T. E., Berkman, L. F., Charpentier, P. A., Blazer, D. G., Albert, M. S., & Tinetti, M. E. (1995). Behavioral and psychosocial predictors of physical performance: MacArthur Studies of Successful Aging. Journal of Gerontology: Medical Sciences, 50A, M177-M183.

[23]Teresa S., Gail M., Susan M., Marilyn A., & Judith R. Self-efficacy beliefs and change in cognitive performance: MacArthur Studies of Successful Aging. 1996, Psychology and Aging, 11(3): 538-51.

[24]Topaz M, Troutman-Jordan M, Mackenzie M. Construction, Deconstruction, and Reconstruction: The Roots of Successful Aging Theories. Nursing Science Quarterly, 27(3), 2014, 226-233.

[25]Villar, F. Successful ageing and development: the contribution of generativity in older age, Ageing & Society, 32 (7), 2012, 1087-1105.

[26]Willcox,B. J., He, Q., Chen, R., Yano, K., Masaki, K. H., Grove, J. S. and Curb, J. D. Midlife risk factors and healthy survival in men. Journal of the American Medical Association, 296, 2006, 2343-2350.

后　　记

中国于2000年进入人口老龄化社会，到2020年刚好是二十年的时间，在这二十年的时间里，中国的老年人口无论在规模上还是在比例上都有了显著的增加。笔者2011年7月毕业于华中科技大学社会学系(现为社会学院)后，入职中南财经政法大学哲学院社会学教研室(现为社会学系)工作，从事人口老龄化方面的研究，也快十年了。在这十年间，面对中国人口老龄化的快速进程，一直试图去探寻中国的快速老龄化进程给老年群体本身带来了一系列怎样的影响，笔者入职之后所承担的课题、发表的文章、出版的主要学术著作都紧紧围绕这一议题展开。这本书也是在笔者以往研究的基础上，对中国老年人的老龄化现状进行的一个全面的描述和分析。

此书得以出版，离不开多方面的支持和帮助，感谢2020级社会学硕士研究生包伦娜和彭锐城承担了书稿中部分的数据分析工作，感谢学院和学校为本书出版提供的经费支持，感谢武汉大学出版社对本书出版提供的支持和帮助。

笔者深知对人口老龄化的研究还任道重远，书中存在的不足和错误恳请专家学者批评指正，有待在今后的研究中不断去改进和完善。

熊波

2021年春